D1922274

Freunde des
Stadtmuseums Kassel e.V.
(Hrsg.)

Das Stadtmuseum Kassel

B&S SIEBENHAAR VERLAG

Anno · dni · 1548

Inhaltsverzeichnis

Zum Geleit

Vor zehn Jahren wurde mit der Ausstellung „Mit 100 Sachen durch 1000 Jahre Stadtgeschichte“ bilanzierend die Museumsarbeit eines Vierteljahrhunderts dokumentiert. Damals standen wir mitten in den Überlegungen, wie wir im Kontext der Neuordnung der Kasseler Museumslandschaft das Stadtmuseum erweitern und weiterentwickeln wollen. Hier, wo nach den Zerstörungen des Krieges und den Versäumnissen des Wiederaufbaus mit viel Idealismus und Herzblut das verdrängte und zerstreute historische Erbe der Stadt Kassel zusammengeführt und erlebbar gemacht wurde, wird nun ein neues Kapitel aufgeschlagen.

Bürgerschaftliche Statik hat all die Jahre ideell, finanziell und konzeptionell dem Haus Halt gegeben und den Prozess der Neuausrichtung mitgetragen. Dieses innige Verhältnis währt nun bereits stolze drei Jahrzehnte. Die 1986 gegründeten Freunde des Stadtmuseums dürfen sich zu Recht als eine Bürgerbewegung bezeichnen, die sich in ganz hervorragender Weise für ihre Institution eingesetzt hat. Für sie war es die Krönung ihrer Arbeit, das Entstehen des neuen Stadtmuseums tatkräftig begleiten zu können. Der Geist ihres Engagements spiegelt sich in dieser Publikation wider.

Freuen wir uns also auf das neue stadtgeschichtliche Zuhause – einem Ort der Begegnung und des Lernens für alle Generationen, der Verständnis und Neugier und gleichzeitig Identifikation und Stolz weckt. Und der in der Stadtloggia des Geschichtsturms eine fantastische Sicht auf das gegenwärtige Kassel erlaubt und gleichzeitig dazu einlädt, die Zukunft unserer Stadt in den Blick zu nehmen.

Bertram Hilgen
Oberbürgermeister der Stadt Kassel

„Der Zeit gewachsen bleiben"

Fünf Fragen an Kai Füldner

Herr Dr. Füldner, in welcher Situation befand sich das Stadtmuseum Kassel, als Sie es 2015 als Direktor übernahmen?

Es war eine besondere Situation. Die Planung für die Dauerausstellung war noch nicht so weit fortgeschritten, wie es hätte sein müssen. Aus den vorgefundenen Ideen musste das „Drehbuch der Stadtgeschichte" fertiggeschrieben, die Planungen konkretisiert, die Objektauswahl für die drei Ausstellungsetagen abgeschlossen werden. Vor allem musste die jüngste Geschichte, das heißt die Zeit nach 1955, ergänzt werden. Bei alldem galt es, in der noch zur Verfügung stehenden Zeit zu bleiben und die Fristen zum Mittelabruf einzuhalten. Ich hätte mir gewünscht, das eine oder andere anders lösen zu können. Wir haben jedoch versucht, insgesamt etwas Gutes hinzubekommen.

Stadtmuseen sind das Gedächtnis einer Stadt. Auf welche Weise wollen Sie die Geschichte der Stadt Kassel erzählen?

Für mich ist die Geschichte ein ständiger Fluss. Bürgerinnen und Bürger wollen verstehen, warum ihre Stadt genau so ist, wie sie ist. Darauf muss das Stadtmuseum Antworten geben. Die harten Brüche in dieser Geschichte müssen ebenso als Ankerpunkte gezeigt werden wie die Phasen dazwischen. Unsere Aufgabe als Stadtmuseum ist klar: die Sicht der Bürger, deren Lebensumstände, ihr selbstverantwortliches Gestalten darzustellen.

Die Geschichte der Stadt Kassel präsentieren wir in unserer Dauerausstellung auf drei Etagen: angefangen von der Zeit der Ersterwähnung Kassels, die Residenzstadt und die Jahrhunderte in Krieg und Frieden bis in die Jetztzeit. Das geschieht auf zunächst klassische Art. Im Verlauf der Ausstellung brechen wir diese Form etwas auf und werden auch im Detail und in der Gestaltung etwas vielseitiger. Wir bedienen auch optisch andere Variationen, entfernen uns von Vitrinenobjekten und stellen Geschichte auf moderne Art dar, wie etwa durch Graphic Novels. Und im Neubau präsentieren wir unsere Sonderausstellungen im Halbjahresrhythmus, wo ganz viele Möglichkeiten bestehen, Einzelthemen aufzugreifen, ausgewählte Aspekte der Stadtgeschichte zu vertiefen und auch aktuelle Themen der Stadtgesellschaft zeitgemäß zu präsentieren.

Das Stadtmuseum hat mit dem Förderverein einen sehr aktiven Kreis von Bürgerinnen und Bürgern der Stadt. Wie gestaltet sich aus Ihrer Sicht das Verhältnis zu den Freunden des Stadtmuseums?

Der Förderverein ist – neben der Stadt als Träger – traditionell die Hauptstütze des Museums, und unverzichtbar für uns. Er setzt sich aus Menschen zusammen, die sich überdurchschnittlich mit dem Haus identifizieren. Sie sind stärker als andernorts darauf konzentriert, auf das Museum ein Stück weit einzuwirken und haben traditionell eine klare Vorstellung davon, welche Dinge sie im Museum vorfinden möchten. Mit den Akteuren, sprich dem Vorstand des Vereins, gibt es eine sehr loyale und gute Zusammenarbeit. Wir sind uns darin einig, dass es neue Wege gibt, die wir testen müssen.

Besucherentwicklung, auch Audience Development genannt, ist ein zentrales Thema und eine strategische Aufgabe für alle Kulturinstitutionen. Wie gestalten Sie die Beziehung zu Ihrem Publikum?

Wir sind ein Ort der Kultur und der Bildung. Wir bauen ein Museum für die Menschen dieser Stadt und wollen, dass möglichst viele von ihnen den Zugang zu diesem Museum finden. Bedenken müssen wir, dass sich 95 Prozent der Bevölkerung bisher nicht intensiv mit der Stadtgeschichte auseinandergesetzt haben.

Dann haben wir auch ein traditionell wissenschaftlich-interessiertes Publikum. Aber wir müssen konstatieren, dass sich die Kasseler Stadtgesellschaft in den vergangenen Jahren strukturell gewandelt hat. Alle diese Gruppen mit ihren spezifischen Bedürfnissen sollen sich im Museum wiederfinden – das ist die große Herausforderung. Wir müssen sie also immer wieder aufs Neue animieren, das Museum zu besuchen, beispielsweise durch attraktive Sonderausstellungen. Diese sind erfahrungsgemäß für etwa zwei Drittel der Besucher verantwortlich. Die Herausforderung ist, dass die Besucherinnen und Besucher, die eine Sonderausstellung besuchen, auch durch die Dauerausstellung gehen, weil sie dort Anknüpfungspunkte und Einordnungen finden.

In Bezug auf Kinder und Jugendliche spielt die Museumspädagogik für uns eine entscheidende Rolle. Im Museum haben wir einen ausgewiesenen pädagogischen Raum, die KasselWerkstatt, in dem die Stadtgeschichte spielerisch oder auch ernsthaft-spielerisch aufbereitet wird. Wir werden ganz gezielt für Kinder und Jugendliche Veranstaltungen anbieten, die sich mit der Kasseler Stadtgeschichte mit dem entsprechenden Niveau auseinandersetzen. Darüber hinaus werden wir mit unseren pädagogischen Projekten verstärkt außerhalb des Museums im Stadtraum agieren, gemeinsam mit engagierten Partnern. Das ist ein ganz interessanter Baustein, man erlebt Stadtgeschichte vor Ort.

Generell gilt: der Mensch muss oft ein gewisses Alter erreichen, bis er ein Interesse an Geschichte entwickelt. Das entwickelt sich auch erst mit der eigenen Geschichte, mit der Möglichkeit, auf Vergangenes zu

Schlussstein des Nahl'schen Hauses, im Hintergrund Gouachen auf Papier von Johann Heinrich Bleuler d. Ä. (l.); Statue des Landgrafen Philipp (r.)

blicken und zu merken, was gut, erhaltenswert und bemerkenswert war. In dem Moment, in dem ich mich selbst reflektiere, entwickele ich auch ein Interesse an der allgemeinen Geschichte. Genau diese Idee, dass etwas interessant sein könnte an der Geschichte, die kann man nicht früh genug einsetzen. Wenn ich als Lehrer / Schüler in ein Museum gehe, habe ich mir oft nicht aus eigenem Antrieb überlegt, warum ich hingehe; das gehört zum Lehrplan. Es gibt dann mehrere Möglichkeiten: dass das eine furchtbare Geschichte wird, langweilig ist; oder dass bei einem Schüler, der keinen Bezug dazu hat, das irgendwie positiv empfunden hat, bzw. eine dritte Möglichkeit: hoppla – das hätte ich nicht gedacht! Ich möchte gern möglichst viele Hoppla-Erlebnisse erreichen bei Jugendlichen. Diese kindliche und jugendliche Prägung ist wichtig, um als älterer Mensch darauf zurückgreifen und aufbauen zu können, und

so erworbene kulturelle Werte dann gegen die vielen anderen Leistungen einer Gesellschaft zu verteidigen, die auch bezahlt werden sollen.

Und zu guter Letzt: Welche Vision haben Sie für Ihr Haus?

Mein Bild vom Stadtmuseum Kassel stellt sich in einer zweistufigen Entwicklung dar. Zunächst einmal soll sich das Stadtmuseum wieder im Stadtraum und in der modernen Stadtgesellschaft etablieren und auf eine publikumsbezogene Weise zu einem Forum der Stadtbevölkerung bzw. der an der Stadt Kassel Interessierten werden. Im zweiten Schritt möchten wir uns verstärkt am Zeitgeschehen beteiligen mit aktuellen Ausstellungen, Publikums- und Fachveranstaltungen und weiteren Formaten. Insgesamt geht es darum, der Zeit gewachsen zu bleiben.

Gabriela Wolff-Eichel

Im Verein

Gedanken zur Vereinskultur in Geschichte und Gegenwart

„(1) Alle Deutschen haben das Recht, Vereine und Gesellschaften zu bilden.
(2) Vereinigungen, deren Zweck oder Tätigkeit den Strafgesetzen zuwiderlaufen oder die sich gegen die verfassungsmäßige Ordnung oder gegen den Gedanken der Völkerverständigung richten, sind verboten."
Artikel 9 Grundgesetz für die Bundesrepublik Deutschland

Die Geschichte der Vereine in Deutschland beginnt Mitte des 18. Jahrhunderts mit dem Aufkeimen eines neuen bürgerlichen Bewusstseins in der noch feudalistisch geprägten Gesellschaft. Es entstehen die ersten Vorformen unseres modernen Vereinswesens. Freimaurerlogen, Lesegesellschaften und Patriotische Gesellschaften werden gegründet; die älteste deutsche Bürgergesellschaft, die Patriotische Gesellschaft in Hamburg von 1765, ist auch noch heute tätig.

Zeitgleich mit dieser Entwicklung werden Forderungen nach einer rechtlichen Regelung und Anerkennung der freiwilligen Vereinigungen erhoben. Mit dem Preußischen Landrecht vom 1. Juni 1794 wird dem erstmals in Ansätzen Rechnung getragen. Bahnbrechend an diesem neuen Gesetz war, dass es für die Untertanen des preußischen Staates die Gleichheit vor dem Gesetz und die Unabhängigkeit der Rechtsprechung garantierte sowie einheitliche Rechtsinstanzen einführte. Damit war die Gewaltenteilung etabliert. Das Recht, Vereinigungen zu bilden und Versammlungen abzuhalten, wurde zwar zugestanden, allerdings unter vielen Auflagen; politische Betätigungen blieben verboten. Wie im bis dahin geltenden römischen Recht, musste weiterhin die staatliche Erlaubnis für „geheime Verbindungen" eingeholt werden. Unser heutiges Vereinsregister ist auf diese von Misstrauen geprägte Einstellung des Staates gegenüber bürgerschaftlichem Engagement zurückzuführen. Heute noch überprüft und genehmigt das Vereinsregister jede Vereinssatzung und deren Änderungen. Personenwechsel im Vorstand müssen gemeldet werden. Nur der im Vereinsregister geführte Verein darf den Zusatz e.V. (eingetragener Verein) führen.

1848 formulierte die Nationalversammlung in der Frankfurter Paulskirche die Grundrechte. Darin wurde unter anderem allen Deutschen das Recht zugestanden, ohne vorherige Genehmigung sich friedlich und ohne Waffen zu versammeln und Vereine zu bilden. Die Grundrechte aus dieser Verfassung von 1848 wurden jedoch nicht umgesetzt und 1851 auch formal wieder aufgehoben. Das öffentliche Versammlungsrecht blieb weiterhin stark eingeschränkt. Mitgliedschaften von Frauen und Minderjährigen in politischen Vereinen wurden ausgeschlossen, Mitgliederlisten mussten polizeilich gemeldet werden. 1854 wollte die deutsche Bundesversammlung übereinstimmende Grundsätze für das Vereins- und Versammlungsrecht einführen, was aber nicht gelang. 1872 beschloss der Reichstag einen das Vereinswesen regelnden Entwurf vorzulegen, allerdings ohne Erfolg. 1899 wurde wenigstens das zwischenzeitliche Verbot für politische Vereine wieder aufgehoben. Erst das Reichsvereinsgesetz, das am 15. Mai 1908 in Kraft trat, regelte: „Alle Reichsangehörigen haben das Recht, zu Zwecken, die den Strafgesetzen nicht zuwiderlaufen, Vereine zu bilden und sich zu versammeln." Das Gesetz war darüber hinaus ein wichtiger Meilenstein für die Gleichberechtigung der Frauen in Deutschland. Das Gesetz erlaubte den Frauen in ganz Deutschland erstmals, politischen Vereinen beizutreten und dort auch das Wort zu ergreifen.

Mit dem Machtantritt der Nationalsozialisten begann 1933 die Vereinheitlichung, die „Gleichschaltung" des gesamten politischen, gesellschaftlichen und privaten Lebens in Deutschland. 1934 war der Prozess größtenteils abgeschlossen. Ziel war es, jede Art von Pluralismus in Staat und Gesellschaft aufzuheben und durch einheitliche, der nationalsozialistischen Ideologie gemäße Regelungen und Organisationen zu ersetzen. Organisationen, die sich widersetzten, wurden ausgeschaltet. Es gab keinen Verband oder Verein, der nicht das Hakenkreuz in sein Logo aufgenommen hätte. Auch wurde ohne weiteren Druck der Arierparagraf in die Satzungen übernommen. Die Vorsitzenden wurden nun entsprechend der gleichgeschalteten Regelungen neu gewählt, ihre Vertreter wurden ernannt, das unterlag der Genehmigung der staatlichen Aufsicht. Die erzwungene oder freiwillige Anpassung ermöglichte eine nahezu vollständige Kontrolle aller gesellschaftlichen Vereine.

Auch die DDR kannte kein freies Verbände- und Vereinswesen, es unterlag der staatlichen Aufsicht und Kontrolle. Es gab keine freien Träger. Propagiert wurde die Breitenkultur, für die 1948/1949 die Weichen gestellt wurden. Betriebe mussten Kulturräume und -häuser zur Verfügung stellen. Später kamen Klubhäuser hinzu. Träger war der Freie Deutsche Gewerkschaftsbund, der so zur wichtigsten Institution für Kulturarbeit wurde. Der Anspruch war (nach Bertolt Brecht), dass aus einem „kleinen Kreis der Kenner“ ein „größerer Kreis“ geschaffen werden sollte.

Nach dem Zweiten Weltkrieg haben viele Vereine in Westdeutschland ihre Vergangenheit im Dritten Reich, teilweise bis heute, nicht aufgearbeitet. Schützenvereine waren bis 1948 durch die Siegermächte ganz verboten. In der Nachkriegszeit übernahmen Vereine vielfältige Aufgaben, um die Vertriebenen und aus der Kriegsgefangenschaft Heimgekehrten in das ‚normale‘ Leben zu integrieren.

Mit dem deutschen Wirtschaftswunder gründeten sich dann Vereine, die dem Geist der damaligen Freizeitgestaltung entsprachen. Es gab die Vespa-Fahrer, Rock-and-Roll-Clubs, die sich dem Tanzen verschrieben hatten, und allein über 2.000 Fan-Clubs für Freddy Quinn. Mitte der 1950er, mit den ersten Gastarbeitern aus Italien, etablierten sich Vereine, die die

Neuankommenden berieten und unterstützten. Die Gastarbeitervereine waren aber auch ein Stück Heimat in der Fremde. Ende der 1960er, Anfang der 1970er Jahre änderten sich die Beweggründe, einen Verein zu gründen oder beizutreten. Die Protestaktivitäten nahmen deutlich zu. Es entstanden zahlreiche Bürgerinitiativen und Selbsthilfegruppen mit ganz unterschiedlichen Zielsetzungen. „Ärzte ohne Grenzen“ und „Greenpeace“ kommen aus dieser Zeit. 70 Prozent der heutigen Vereine stammen aus der Nachkriegszeit.

Nach der Wende kam es dann in den Neuen Bundesländern zu einer Welle von Vereinsgründungen. In ganz Deutschland gab es 1990 ca. 300.000 Vereine, heute sind es über 620.000. Die eingetragenen Vereine haben mit 94 Prozent den größten Anteil, gefolgt von den Stiftungen mit 3 Prozent, den gemeinnützigen GmbHs mit 2 Prozent, das Schlusslicht bilden die Genossenschaften mit 1 Prozent.

Vereinskultur heute

Von einer Vereinskrise in Deutschland kann – angesichts dieser Zahlen – also nicht gesprochen werden, wenngleich viele der klassischen Vereine, wie z.B. Gesangs- und Schützenvereine mit Nachwuchsproblemen kämpfen. Ein Grund für die vielen Neugründungen ist mit Sicherheit der wachsende Individualismus. Frauen-, Umwelt-/Naturschutz-, Bildungs-/Erziehungs-, Friedens-, Kultur-, Bürgerrechts-, Dritte-Welt-Initiativen etablieren sich als moderne Vereine, die auf aktuelle Strömungen und Probleme der Gesellschaft reagieren. Unzufriedenheit mit den staatlichen Institutionen und der Wille, etwas zu verändern, und das Eintreten für gemeinsame Ziele, außerhalb von staatlichen Zwängen und Vorschriften, ist häufig die Motivation für ein bürgerschaftliches Engagement. Die Beweggründe, einem Verein beizutreten, wie auch die Rahmenbedingungen von Vereinsarbeit haben sich aber gleichermaßen erkennbar verändert. Eine Zunahme an Bürokratie und Vereinsbestimmungen führt unter anderem dazu, dass die Bereitwilligkeit, im Vereinsvorstand mitzuarbeiten, deutlich gesunken ist. Es wäre wünschenswert, wenn die Vorschriften entbürokratisiert, vereinfacht und auch übersichtlicher würden. Hinzu kommt, dass eine veränderte Arbeitswelt weniger Zeit lässt, sich neben dem Beruf ehrenamtlich zu engagieren. Wohnort und Arbeitsstelle liegen oft räumlich auseinander. Die tägliche oder wenigstens wöchentliche Verfügbarkeit, um kontinuierlich in einem Verein mitarbeiten zu können, ist oft nicht mehr gegeben. Waren 1990 noch 62 Prozent der Bundesbürger Mitglied in wenigstens einem Verein, waren es 2014 nur noch 44 Prozent. Die höchsten Austrittszahlen verzeichnen die östlichen Bundesländer, die Vereine dort haben in den vergangenen Jahren fast ein Viertel ihrer Mitglieder wieder verloren. In den Städten ist ein Rückgang zu verzeichnen, während der Anteil der ländlichen Regionen konstant blieb.

Ein besonderer Vereinstyp sind die Fördervereine, wie auch die „Freunde des Stadtmuseums e.V.“. Fördervereine sind in der Regel lokal tätig. Der durchschnittliche Förderverein hat weniger als 100 Mitglieder. Ihm stehen auch keine hohen Beträge zur Verfügung, die meisten finanzieren sich nur aus Mitgliedsbeiträgen. Mehr als 75 Prozent der Fördervereine arbeiten mit weniger als 20.000 Euro im Jahr. Das heißt, dass in vier von fünf Fördervereinen keine hauptamtlichen Mitarbeiter beschäftigt werden können, sondern die Arbeit ausschließlich ehrenamtlich erfolgt.

Viele stadthistorische Museen wurden auf Initiativen bürgerschaftlichen Engagements hin ins Leben gerufen. Das Historische Museum Frankfurt zum Beispiel ging aus dem 1877 gegründeten „Verein für das Historische Museum“, hervor, das Märkische Museum in Berlin wurde 1874 und das Museum für Hamburgische Geschichte wurde 1839 durch das erstarkende Bürgertum gefördert. In Leipzig gründete sich 1867 der Verein für die Geschichte Leipzigs, der eine umfangreiche Sammlung aufbaute und präsentierte, und diese schließlich 1909 dem neu gegründeten Stadtgeschichtlichen Museum übergab.

In Kassel ging man einen anderen Weg: Die Kasseler Stadtverordnetenversammlung beschloss 1979 einstimmig, ein Stadtmuseum aufzubauen. Vorausgegangen waren eine intensive Aufarbeitung des Schicksals der Juden im Dritten Reich, angestoßen durch die Stadtverordnetenversammlung und öffentliche Initiativen, die immer breiter unterstützt wurden, getragen vom Verein für Hessische Geschichte und Landeskunde. Sieben Jahre später erst, am 3. Februar 1986, wurde der Verein „Freunde des Stadtmuseums Kassel" gegründet.

Das ist erstaunlich, lässt sich aber erklären. Mit der Gründung des Museums durch die Stadt selbst war man einem Bedürfnis der Bürger nachgekommen, ein historisches Gedächtnis der im Zweiten Weltkrieg so stark zerstörten Stadt aufzubauen. Die Stadt selbst rief zu Sach- und Geldspenden, Stiftungen und Leihgaben auf. Ein Förderverein zur Unterstützung schien daher zunächst nicht notwendig zu sein. Im Herbst 1985 wurde dann bekannt, dass die Ruine der weit über 200 Jahre alten Garnisonkirche am Königsplatz, im Herzen der Stadt, abgerissen werden sollte, um ein Kaufhaus dort zu bauen. Damit wäre eines der letzten Zeugnisse historisch bedeutsamer Gebäude endgültig zerstört worden. Dagegen organisierte sich eine Bürgerinitiative. Sie schlug vor, dass das Stadtmuseum in einer für seine Zwecke wieder aufgebauten Garnisonkirche seinen Standort finden sollte. Die Abrisspläne wurden verworfen. Eine Nutzung für das Stadtmuseum konnte aber nicht verwirklicht werden.

Erfolg im gewünschten Sinne hatte diese Initiative zwar nicht, aber aus der ungeklärten Standortfrage heraus entstand 1986 der Verein „Freunde des Stadtmuseums". In der Satzung ist deshalb als ein wesentlicher Vereinszweck neben Sammeln und Erwerben von Museumsgut das Eintreten für einen eigenen angemessenen Museumsbau und dessen sachgerechte Ausstattung festgelegt. Auslöser für die Vereinsgründung war also die räumliche Not des Stadtmuseums. Sie galt es zu beseitigen.

Das Stadtmuseum war inzwischen sieben Jahre alt und immer noch auf der Suche nach einer geeigneten Bleibe. Die Sammlung war inzwischen durch die vielen Spenden der Bürgerinnen und Bürger so umfangreich geworden, dass der Wunsch, sie entsprechend präsentieren zu können, immer manifester wurde. Man hatte das Stadtmuseum zwar erfolgreich gegründet, die Frage der Räumlichkeiten aber nicht geklärt.

Der Verein entwickelte zahlreiche öffentlichkeitswirksame Aktivitäten und gewann so viele Mitglieder. Heute sind wir mit 1.100 Mitgliedern einer der größten Vereine Deutschlands, der ein stadthistorisches Museum unterstützt. Dank der Hartnäckigkeit des ehemaligen Museumsleiters und mit Unterstützung des Vereins ist die Standortfrage geklärt worden. 2009 beschlossen die Stadtverordneten, wiederum einstimmig, Geld für die Erweiterung und Modernisierung bereitzustellen. Im Jahr 2016, 30 Jahre nach Vereinsgründung, ist eines der wichtigsten Satzungsziele, das Eintreten für einen angemessenen Museumsbau, erfüllt. In den zurückliegenden 30 Jahren haben die Freunde viele Projekte angestoßen und auch umgesetzt: Ankäufe für die Sammlung, Anschaffungen, die der Infrastruktur des Museums zugutekommen, ein umfangreiches Veranstaltungsprogramm mit Vorträgen, Führungen, Diskussionen und Exkursionen gemeinsam mit dem Museum. Und die vereinseigene Publikation entstand. Die Freunde des Stadtmuseums haben sich immer als einen Bürgerverein, der möglichst allen offen stehen soll, verstanden. Dementsprechend niedrig sind die Mitgliedsbeiträge angesetzt. Auch wir erleben einen Schwund unserer Mitgliederzahl. Das liegt unter anderem auch an der Altersstruktur. Auch wir müssen den bundesweiten Trend bestätigen, dass es schwer ist, junge Menschen zu gewinnen. In der Kasseler Bevölkerung ist das Interesse an dem Stadtmuseum kurz vor der Wiedereröffnung sehr groß. Diese Stimmung müssen wir nutzen, um neue Mitglieder zu gewinnen, junge vor allem und viele, die neu nach Kassel gekommen sind, auch aus ganz anderen Kulturkreisen.

Das KasselFoyer mit seinem „Gedächtnisspeicher“ ist der Ausgangspunkt für den Besuch des Stadtmuseums

Eine gute Zusammenarbeit zwischen dem Museum, seinem Träger und unserem Verein ist eine wesentliche Voraussetzung für alle unsere Vorstandsentscheidungen. Gemeinsam müssen Strategien entwickelt werden, um Probleme zu lösen und Wünsche umzusetzen.

Ein funktionierendes Vereinswesen ist eine wichtige Säule unserer Zivilgesellschaft und für unser demokratisches Selbstverständnis. Die Vereine mit ihren jeweils eigenen Zielen bieten für fast jeden Bürger in Deutschland eine Plattform, sich zu engagieren, unsere Gesellschaft mitzubestimmen und mitzugestalten, unabhängig von Alter, Einkommen oder Herkunft. Dieses im Grundgesetz verbriefte Recht gilt es zu erhalten, zu pflegen und weiter auszubauen.

Dorothée Rhiemeier

Die Stadt und ihr Gedächtnis

Neue Perspektiven für das Stadtmuseum Kassel

Auf einem Symposium in Berlin 2009 diskutierten rund 150 Museumsfachleute die Zukunft der Stadtmuseen in Deutschland. Finstere Aussichten wurden den Stadtmuseen prognostiziert, wenn sie sich nicht neu ausrichten würden. Doch in den letzten Jahren sind sogar noch neue Häuser hinzugekommen. Wie ist es also um die Zukunft der Stadtmuseen tatsächlich bestellt?

Viele der großen Stadtmuseen in Deutschland entstanden vor rund 100 Jahren als sichtbarer Ausdruck eines erstarkten bürgerlichen Selbstbewusstseins. Die bürgerliche Elite schuf sich mit ihnen einen Ort, an dem sie sich ihrer Identität selbstvergewissern und ihre Sicht auf die Historie darlegen konnte. Auch in Kassel gab es mehrere Anläufe zur Gründung eines Stadtmuseums, aber erst Ende der 1970er Jahre kam es zur erfolgreichen Umsetzung. Unter dem Motto „Museum von Bürgern für Bürger“ sollte nun endlich die Stadtgeschichte aus der Perspektive der Bürger Kassels erzählt werden. Es ist ein großer Verdienst der damaligen Initiatoren, dass das verdrängte und zerstreute historische Erbe der Stadt an zentraler Stelle zusammengeführt wurde. Trotz einer umfangreichen, vor allem vom Land Hessen getragenen Museumslandschaft war bis dato die Sozial- und Industriegeschichte Kassels in den dort gezeigten Ausstellungen kaum präsent gewesen. Daneben gab es noch weitere Themenmuseen (z. B. Brüder Grimm-, Spohr-, Naturkundemuseum), doch es fehlte ein Ort, an dem die politischen, kulturellen und wirtschaftlichen Leistungen der Bewohner Kassels dokumentiert wurden.

Ein Stadtmuseum ist wie eine Visitenkarte der Stadt. Hier kann die Stadt präsentieren, wie sie ist, wie sie wurde und vor allem warum sie so ist. Stadtmuseen legitimieren sich nicht selten über den Anspruch, die Stadtgesellschaft „im Brennglas", fokussiert auf eine vermeintlich gemeinsame Identität ihrer Bewohner, darzustellen. Vor dem Hintergrund des demografischen Wandels und der zunehmenden pluralistischen Lebensstile stellt sich aber zunehmend die Frage, welche Identität dies heute noch sein kann; welche Geschichten werden mit welchen Objekten und vor allem für wen erzählt? Das sogenannte Bildungsbürgertum, das als vorrangige Zielgruppe die Ausrichtung der Stadtmuseen bislang weitgehend bestimmt hat, ist allein schon zahlenmäßig auf dem Rückzug; neue Zielgruppen sind zwar definiert, aber noch nicht gewonnen. Stadtmuseen haben also keine leichte Aufgabe – zumal sie inzwischen in Konkurrenz zu vielen Freizeitangeboten und gerade bei der jüngeren Generation zu den Angeboten der digitalen Medienwelt stehen. Drohen also Stadtmuseen, wie Gottfried Korff es in Anlehnung an Peter Sloterdijk formulierte, zu „Endlagerstätten für schwach-strahlende Substanzen" zu werden?

Die Wiedereröffnung des Stadtmuseums Kassel ist ein guter Zeitpunkt, um eine Standortbestimmung vorzunehmen. Dabei ist ein Grundsatz unverrückbar: Das Stadtmuseum Kassel hat weiterhin die Aufgabe, das Gedächtnis der Stadt zu repräsentieren. Gerade in einer im Krieg weitgehend zerstörten Stadt wie Kassel ist ein solcher Erinnerungsort von größerer Bedeutung als in einer noch weitgehend intakten Stadt. Wie in einem therapeutischen Prozess scheint die Erinnerungsarbeit notwendig, um einen Heilungsprozess zu ermöglichen. Die wechselhafte Geschichte Kassels und ihr reiches kultur- und kunsthistorisches Erbe werden entsprechend in der neu konzipierten Dauerausstellung umfangreich anhand von historischen Objekten, Modellen, Dokumenten, Fotos, Filmen und Medienstationen anschaulich dargestellt. Sie belegen, dass Kassel schon immer eine Stadt der Transformationen gewesen ist. Im Kontext dieser Wandlungsprozesse waren und sind bis heute fortwährend Integrationsleistungen zu erbringen, in deren Verlauf sich immer wieder neue Identitäten herausgebildet haben. Das Stadtmuseum wird somit immer ein Ort des Gedenkens sein. Das neue Stadtmuseum will aber auch ein Ort des (Nach-)Denkens sein, an dem Besucherinnen und Besucher für Kultur, Bildung und Wissen begeistert werden. Denn nur, wenn das Stadtmuseum auch aktuelle Themen aus der Stadt aufgreift und Raum für Diskussionen bietet, besteht die Chance, dass das neue Stadtmuseum zu einem lebendigen Forum der Stadtgesellschaft werden kann.

Museen wird in der Regel eine zentrale bildungspolitische Funktion zugesprochen. Doch nur selten erschließt sich ein kultureller Schatz von selbst, ein Bildungsprozess muss erst einmal initiiert werden, und er bedarf in der Regel der Vermittlung. Im Stadtmuseum Kassel gibt es seit vielen Jahren eine engagierte Museumspädagogik, deren Vermittlungsarbeit noch an Bedeutung gewinnen wird. Die überwiegende Zahl der Kinder und Jugendlichen hat den ersten Kontakt mit dem Stadtmuseum im Rahmen eines Besuchs mit der Schule. Das Stadtmuseum wird in diesem Kontext zum Lernort, dessen Vermittlungsarbeit sich möglichst (aus Sicht der Lehrkräfte) an den Erfordernissen der Schulcurricula orientiert. Schulen werden auch weiterhin als Kooperationspartner für das Stadtmuseum unverzichtbar sein und die Zusammenarbeit mit ihnen muss unbedingt fortgesetzt werden. Wir müssen uns aber die Frage stellen, wie das Stadtmuseum auch außerhalb der Institution Schule für Kinder und Jugendliche zu einer relevanten Institution werden kann, in der zum Beispiel auch individuelle Orientierungen angeboten werden können. Vielleicht muss ein Museum „Fragen aufwerfen, die google nicht beantworten kann“ (Chris Dercon). Wenn dem so ist, bedarf es neben den bisher angebotenen Führungen, Workshops und Vorträgen noch weiterer Vermittlungsformate, gerade, um der zunehmend heterogenen und interkulturellen Stadtgesellschaft gerecht zu werden.

In Kassel leben Menschen aus 151 Ländern. Von den Erwachsenen hat jeder Dritte einen Migrationshintergrund, bei Kindern und Jugendlichen schon jedes/jeder zweite. Wer das heutige Kassel verstehen will, muss also bereit sein, die Geschichte *aller* Menschen zu erzählen, die in unserer Stadt leben, und die Folgen des urbanen Lebens anzuerkennen. Sollten wir uns also nicht den Themen zuwenden, die Großstädte wie Kassel heute beschäftigen, wie Migration, Stadtentwicklung, Folgen der Globalisierung, Digitalisierung, Individualisierung usw.? Aktuelle Themen der Stadtgesellschaft würden somit Ausgangspunkt für eine kritische Auseinandersetzung mit der Stadt werden, denn genau diese Auseinandersetzung kann dazu führen, dass die Bewohnerinnen und Bewohner Kassels sich stärker mit ihrer Stadt identifizieren. Dem Stadtmuseum fällt dabei die Rolle eines interaktiven Kommunikationsforums zu. Hier können tatsächlich Fragen gestellt werden, die google nicht beantworten kann: Was bedeutet Heimat heute für uns? Wie sieht der Alltag in unseren Communities aus? Wie wollen wir leben? Wie nutzen wir unsere Städte, und wer hat welche Rechte an der Stadt und deren Ausgestaltung?

Um auch in Zukunft den komplexer werdenden Alltag und das Lebensgefühl unserer Stadt abbilden zu können, wird das Knüpfen von Netzwerken für das Stadtmuseum bedeutender werden. Dies können andere Museen sein, aber auch andere Kulturakteure, Sportvereine, Stadtteilzentren. Gemeinsam können mit diesen Partnern und mit ihren jeweils unterschiedlichen Zugängen und Kompetenzen aktuelle Fragestellungen in Projekten bearbeitet werden, zum Beispiel:

Jugendliche speichern auf ihren Smartphones für sie wichtige stadtbezogene Erlebnisse, die via Social Media geteilt und kommentiert werden können. Am Ende steht ein facettenreiches Bild der Stadt und der darin existierenden verschiedenen Jugendkulturen, die im Stadtmuseum ausgestellt werden.

Zugewanderte in unserer Stadt erzählen ihre Geschichte vom Aufbruch in der alten und vom Ankommen in der neuen Heimat. Wo lassen sich Parallelen zu Kassels mehr als dreihundertjährigen Geschichte der Migration und ihrer Gegenwart herstellen? Gibt es zwischen der eigenen Familiengeschichte und den im Museum präsentierten Inhalten Anknüpfungspunkte?

Wie klingt eigentlich das eigene Quartier? Wie lässt sich das dortige Lebensgefühl in Graffiti und Musik ausdrücken?

An diesen Projektideen wird deutlich, dass Kultur heute nicht mehr nur die Artikulation des Normativen sein kann, sondern Kultur heute vor allem die Artikulation der Differenz bedeuten muss. Geschichte setzt sich zusammen aus individuellen Geschichten. Im Mittelpunkt steht immer der Mensch – Kasseläner, Kasselaner und Kasseler. Unser Stadtmuseum kann dabei die Schnittstelle sein, in dem Strukturen und Individuen interaktiv verwoben werden können zu einem kollektiven Gedächtnis. Das ist kommunale Daseinsfürsorge im besten Sinne, denn diese Form der Interaktion wird die Identifizierung der Menschen mit ihrem Stadtmuseum, mit ihrer Stadt und damit auch das Gemeinwohl in unserer Stadt stärken.

Literatur: Claudia Gemmeke / Franziska Nentwig (Hg.): Die Stadt und ihr Gedächtnis. Zur Zukunft der Stadtmuseen. Bielefeld 2011

Wolfgang Schroeder (Hg.): Kassel 4.0. – Stadt der Transformationen. 2015.

Peter Sloterdijk: Museum – Schule des Befremdes.1989, in: ders.: Der Ästhetische Imperativ. Hamburg 2007.

Stadtmuseum Kassel / Karin Thielecke: StadtFliegen Kassel. Neue Perspektiven aus der Stadt. Antrag an den Förderfond Stadtgefährten der Kulturstiftung des Bundes. Kassel 2016.

Klaus Siebenhaar

Kassel – Stadtmuseum mit Zukunft

Der vielbeschworene Museumsboom in Deutschland erscheint widersprüchlich: Auf der einen Seite spricht man stolz von 113 Millionen Besuchen und einer sprunghaft wachsenden Zahl an Museumsgründungen bzw. Erweiterungsbauten. Auf der anderen Seite weisen die offiziellen Statistiken aus, dass fast 60 Prozent aller deutschen Museen weniger als 10.000 Besuche pro Jahr verzeichnen, das heißt kaum mehr als 3–6.000 Besucher. Wie lässt sich das erklären? Deutschlands Museumslandschaft ist eine Dreiklassengesellschaft, in der unter 10 Prozent der Häuser 100.000 bis über 1 Million Besuche aufweisen, ein Drittel sich im Mittelfeld zwischen 10.001 und 100.000 bewegt, und die große Mehrheit darbt. Und in der großen Mehrheit finden sich viele Heimat- und Stadtmuseen wieder, die erfolgreichen unter ihnen schaffen es gerade ins untere Mittelfeld.

Das sind die nackten, besorgniserregenden Zahlen, die nichts über die Qualität der Sammlungen aussagen, aber sehr wohl den Nerv von fehlender Aufmerksamkeit, Sichtbarkeit und Resonanz treffen. Da kann es nicht verwundern, wenn einmal mehr über Status, Rolle und Auftritt des Museums im 21. Jahrhundert diskutiert wird. Wenn Kritiker wie Daniel Tyradellis von „müden Museen“ sprechen und eine neue Ausstellungskultur, eine radikal Besucher stimulierende und integrierende kuratorische Praxis fordern. Auch von Strukturproblemen, fehlender Flexibilität und Mobilität ist regelmäßig die Rede, der vielbeklagte Mangel an Ideen, „die ängstliche Befriedigung antizipierter Erwartungen und die Selbstreferentialität des Betriebs“ (Tyradellis) erscheinen als Kern des Problems nicht nur von Stadtmuseen. Allerdings werden hier die Defizite besonders evident: mangelnde Attraktivität, uninspirierte Ausstellungskonzepte, geringe Wirkung in die Stadt hinein.

Stadtmuseen befinden sich seit Längerem in der Sinn- und Legitimationskrise. Allein der Begriff Stadtmuseum scheint Assoziationen von Verstaubtheit und Langeweile zu beschwören, sodass der erste Schritt in einem erfolgreichen Leben in der Umbenennung zu „Wien"- oder „Amsterdam"-Museum etwa gesucht wird. Aber das ist nur Kosmetik angesichts tiefgreifenderer Herausforderungen. Gerade zu Beginn des 21. Jahrhunderts wollen die Diskussionen um die beiden Kerninstitutionen des modernen öffentlichen Kulturbetriebs – das Stadtmuseum und das Stadttheater – kein Ende nehmen. Selbstverständlich rücken dabei die Fragen nach der Zukunftsfähigkeit und zukünftigen Gestalt ins Zentrum, und die Antworten fallen in letzter Zeit immer gleich aus: das Stadtmuseum als „lebendiger Ort des Austauschs", „Spiegel der Stadtkultur", „Ort der Diskussion und Begegnung", „aktiver Ort" der Teilhabe und Inklusion, Forum der Stadtgesellschaft, kulturelles Zentrum der „Information, Reflexion und Diskussion" über die Stadt. Überall folgen Anforderungen und Selbstverständnis des Stadtmuseums nicht nur dem wandlungsdynamischen Zeitgeist, sondern werden zur Projektionsfläche der großen gesellschaftlich-sozialen und kulturellen Diskurse um Migration, Digitalisierung, Globalisierung und Stadtentwicklung. Ein Stadtmuseum hat nicht mehr allen die alte(n) Stadtgeschichte(n) der Vergangenheit zu erzählen, die zeitliche Perspektive verschiebt sich nachhaltig auf Gegenwart und Zukunft. Aus der Institution des kulturellen Gedächtnisses wird nun ein „forum for the investigation and discussion to understand today's life" (Otto Hochreiter).

Das sind keine geringen Ansprüche und Zuweisungen an eine Institution, die im Vergleich zu den staatlichen (Groß-)Museen mit wenig Personal und geringen Etats auszukommen hat. Und das zwingt zu einem Rollenverständnis und zu operativen Maßnahmen jenseits musealer Routinen und Verhaltensweisen. Wo die Aufgaben größer als die Ressourcen erscheinen, sind Fantasie, Allianzen und organisationale Flexibilität gefragt. Die Lesbarkeit der Stadt zu initiieren oder auch nur zu fördern bedeutet programmliche Vielfalt (Sonderausstellungen vor allem) bei limitierten Mitteln, was durch ein weites Netzwerk an Partnern, Freunden und Förderern zu kompensieren ist. Das ist die allgemeine Lage.

Was gilt nun für Kassel mit seinem neuen, alten Stadtmuseum inmitten einer facettenreichen Museums- und Kulturlandschaft? Das wiedereröffnete Stadtmuseum hat – gerade im Verbund mit dem ebenso kleinen, aber kreativ geführten Naturkundemuseum – nichts zu verlieren, dafür inmitten einer radikal im Wandel befindlichen Stadtgesellschaft nur zu gewinnen: an Aufmerksamkeit, an Profil, an öffentlicher Wertschätzung. Im Zentrum gelegen, überschaubar in Fläche und Gestalt, vermag das kleine Haus für das alte wie das neue Kassel zum Ort des vitalen „Grenzverkehrs" (Gottfried Korff) zwischen dem Alteingesessenen, Vertrauten, Verlorenen und der neuen, „bunten", temporären Stadtgesellschaft zu avancieren. Der Stadtcharakter Kassels gründet auf einer Geschichtsfixierung, einem tradierten kollektiven Geschichtsbewusstsein, in dem sich der Traum von der schönen, verlorenen und der Alptraum der im Zweiten Weltkrieg zerstörten Residenz- und Bürgerstadt auf immer vermischen. Das ist ein von Trauer, Melancholie, Nostalgie durchdrungenes Kontinuum, das bleibt, aber für ein Kasseler Stadtmuseum mit Zukunft nicht ausreicht. Stadtmuseen halten eben nicht allein die Vergangenheit für die Gegenwart lebendig, kommunale Museen spielen eine „entscheidende Rolle" zur „Entwicklung von Urbanität", konstatierte bereits 1979 Hilmar Hoffmann. Urbanität berührt den Stadtcharakter, kommunale Identitätsprojektionen, die Stadtgesellschaft in ihrer sozialen, kulturellen, politischen Wandlungsdynamik. Nichts erscheint dabei statisch, ein für allemal gesichert und kanonisiert. Denn Stadtgesellschaften – gerade auch in Kassel – wurzeln nicht mehr allein in ihrer „Erdlokalität" (Ernst Bloch), sie sind nur noch bedingt „lokal", sie streben ins Offene. Und das heißt konkret: Migration, Digitalisierung und schließlich der Kreativitätsimperativ mit seinen urbanen Nomaden verändern die städtischen Selbstbilder und -wahrnehmungen. Mobilität ersetzt „Bodenständigkeit durch „Identifikationsbereitschaft" (Wolfgang Kaschuba), Soziologen konstatieren für Gegenwart und Zukunft sich dauerhaft vollziehende Produktions- und Neukonstruktionsprozesse urbaner Lebenswelten. Der allgegenwärtige Begriff der Transformation erfasst Milieus, Szenen, „Kieze", verändert die Umgebungsqualität, urbane Atmosphären in immer kürzeren Intervallen mit neuen Themen, Perspektiven und Problemen. Fast keiner will es leugnen: Kassel ist „bunt", neue Ethnien, andere Milieus und Kulturen prägen die Stadtgesellschaft. Neue Arbeitskräfte sorgen in einer prosperierenden regionalen Wirtschaft für dauerhaften oder auch nur temporären Austausch.

Ein Stadtmuseum lebt heute von solchen diversen Stadtgesellschaften, hier findet es seinen sozialen wie kulturellen Resonanzraum, indem es mit einer eigenen Agenda interveniert, mit unterschiedlichen Formaten von Ausstellungen bis Diskussionsforen einen Erfahrungs- und Spielraum offeriert. So wird fast zwangsläufig das Stadtmuseum Kassel seine Herkunftsgeschichte(n) mit den Fragen, Themen, Herausforderungen von Gegenwart und Zukunft verknüpfen müssen, will es einer transformierten Stadtgesellschaft auf ebenso seriöse wie unterhaltsame Weise Orientierung, Begegnung und einen „Rastplatz der Reflexion" (Oskar Negt) bieten. Seit Pierre Bourdieus erster Museumsstudie vor 50 Jahren wissen wir, dass Programm, Kommunikation und Atmosphäre darüber entscheiden, wer und wie viele kommen. „Einladen, aufmischen, elektrisieren" ist die Parole von Deutschlands augenblicklich buntestem und erfolgreichstem Stadttheater, dem Maxim Gorki Theater in Berlin. In diesem Verständnis soll auch das Kasseler Stadtmuseum einer neuen Stadtgesellschaft eine Bühne und ein lebendiger Treffpunkt sein. Wer dann wirklich kommt, soll die erste repräsentative Besucherstudie Ende des Jahres offenbaren. Besucherentwicklung gründet auf Besucher- und Nicht-Besucherforschung. Denn wer seine Besucher kennt und stimuliert, wird mit seinen Ideen, Initiativen und Angeboten in die Stadt hinwirken, Impulse geben und empfangen. So verstanden, wird Kassel zu jenem neuen Typus von Stadtmuseen gehören, „die nicht mehr nur Raumofferte für eine lokale Einkuschelung sind, sondern Orte einer erprobaren Alternativerfahrung von Raum und Zeit" (Gottfried Korff).

Waltraut Becker

Ständeplatz 16

Anmerkungen zur Bau- und Nutzungsgeschichte

Der Kasseler Kunstverein, gegründet 1835, suchte in den 1860er Jahren nach einem eigenen Domizil. Daneben waren auch zahlreiche andere kulturell ausgerichtete Vereine, wie zum Beispiel der Verein für bildende Kunst, der Verein für Naturkunde und der Verein für Hessische Geschichte und Landeskunde an einem Vereinslokal interessiert, da sie hohe Mieten für ihre Veranstaltungen bezahlen mussten. Das Projekt eines gemeinsamen Vereinshauses wurde durch die Annexion Kurhessens durch Preußen zwar vorerst gestoppt, aber durch den Ankauf eines Grundstückes durch die Stadt, die das Grundstück den drei verbliebenen Vereinen schenkte, wieder aufgenommen. Zur Finanzierung des Baues wurde die „Kunsthaus-Gesellschaft" gegründet, die 50-Taler-Aktien mit großem Erfolg verkaufte. Baubeginn war 1869, die Einweihung fand am 27.12.1871 statt.

Der wirtschaftliche Betrieb des Hauses war leider kein Erfolg und als die Finanzlage immer schlechter wurde, bot man der Stadt das Gebäude 1876 zum Kauf an. 1877 kam der Kauf gegen Übernahme der Schulden zustande. Die Stadt errichtete ein zweites Obergeschoss und nutzte das Gebäude als Schule. Der Kunstverein konnte jedoch weiter entsprechende Räume als Mieter nutzen.

Nach der Zerstörung des Hauses im Zweiten Weltkrieg konnte das für 500.000 Mark vereinfacht wieder aufgebaute Haus 1955 eröffnet werden. Neben dem Kunstverein fanden nach und nach die Amerikanische Bücherei und später das documenta Archiv am Ständeplatz eine Heimstätte.

Das Gebäude Ständeplatz 16, heute Sitz des Stadtmuseums Kassel: Ansicht von 1876 (u.), nach der Zerstörung im Zweiten Weltkrieg (o. r.) und im Jahr 2016 (o. l.)

Seit seiner Gründung bildeten bescheidene Räume im Ständeplatz-Flügel die Keimzelle des Stadtmuseums. Nach und nach konnte zuerst das gesamte Erdgeschoss vom Museum genutzt werden. Als das documenta Archiv in die ehemalige Gerhart-Hauptmann-Schule umzog, erweiterte sich das Raumangebot in das 1. Obergeschoss, und schließlich fand der Kunstverein neue Räume im Fridericianum, sodass nun das gesamte Haus dem Stadtmuseum zur Verfügung stand. Dieser wechselvollen Geschichte wird nun durch den zum Abschluss gebrachten Um- und Erweiterungsbau ein neues Kapitel hinzugefügt.

Statue der Heiligen Elisabeth
aus dem Elisabethhospital

Chassella – Kassel

Zwischen Mittelalter und Moderne

Kassels „offizielle“ Geschichte beginnt mit zwei vom fränkischen König Konrad I. auf den 18. Februar 913 datierte Urkunden, in der erstmals von „Chassella“ oder „Chassalla“ die Rede war. Die Gelehrten streiten sich heute noch darüber, ob es ein befestigtes „Kastell“ im Stil der alten römischen Lager war oder ein fränkischer Königshof. Auf alle Fälle muss der Ort an einer strategisch günstigen Stelle gelegen haben. Er sicherte den Übergang über den Fluss Fulda auf dem Weg von Westen nach Osten.

Der Aufstieg Kassels zur Stadt im heutigen Verständnis beginnt mit dem Haus Brabant und der neuen territorialen Einheit „Hessen“ seit Ende des 12. Jahrhunderts. Die Stadt avanciert 1277 zur Residenzstadt zunächst der Landgrafschaft, ab 1803 des Kurfürstentums Hessen.
Im 17. und 18. Jahrhundert entwickelt sich Kassel unter dem Einfluss hugenottischer Baumeister wie Simon Louis du Ry und der Landgrafen Karl und Friedrich zur barocken Modellstadt mit großen Bauprojekten von Herkules/Wilhelmshöhe bis zur Karlsaue, dem Friedrichs- und Königsplatz. Ende des 18. Jahrhunderts ist Kassel sowohl administratives Zentrum als auch eine Stadt der Künste von überregionaler Bedeutung, deren Aufstieg zur modernen Industriemetropole nach dem Sieg über Napoleon und das Ende des damit verbundenen „Königreichs Westfalen“ einsetzt.

Stadt der Hugenotten, Modell der Stadt Kassel im Jahr 1766 (o. l.); Modell des Friedrichsplatzes, Zustand um 1790 (u. l.)

Ersterwähnungsurkunde Kassels vom 18. Februar 913
Gegeben am 12. Tag vor den Kalenden des Märzes im Jahr der Fleischwerdung des Herrn 913, in der ersten Indiktion, im zweiten Jahr der Regierung des Herren Konrad, verhandelt zu Kassel. Im Namen Gottes Glück und Segen, Amen.

clementia rex: noverit omnium fidelium nostrorum praesentium scilicet et futurorum

Stephan Schwenke

Die Geschichte Kassels im 19. Jahrhundert

> „Cassel die Hauptstadt von Kurhessen und die Residenz des Kurfürsten (...) fällt auf der nordöstlichen Seite, von der über die Lutternberger Anhöhe führenden Straße aus, am besten ins Auge. Sie gewährt von hieraus einen überraschend schönen Anblick, der durch die reizendsten Umgebungen, den durch das Thal sich schlängelnden Fulda-Fluß und besonders am Morgen, durch den Glanz der Sonne, wenn solche von den schönen Gebäuden und dem Wasserspiegel des Flusses zurückstrahlend, das ganze schöne Thal beleuchtet, sehr erhöht wird."

Diese Einleitung aus den Buch „Cassel & Wilhelmshöhe enthaltend nützliche Nachweisungen für Einwohner und Fremde" aus dem Jahr 1828 gibt einen ersten Hinweis auf das Aussehen der Stadt Kassel zu Beginn des 19. Jahrhunderts. Zur Beschaffenheit der Stadt heißt es dort weiter: „Cassel hat in seinem äusseren Umfang etwa drei viertel deutsche Meilen. Seine größte Länge vom Königs-Thore bis zum Weser-Thore beträgt in gerader Richtung 5400 Fuß; seine größte Breite, vom Cölnischen bis zum Leipziger Thore 3600 Fuß. [Die Stadt] besteht aus drei nach einander entstanden Städten, zwei Vorstädten und dem großen eingeschlossenen herrschaftlichen Park, die Carls-Aue genannt. Es hat überhaupt 16 öffentliche Plätze, 12 Kirchen, 66 Straßen und 9 Thore. Die Stadt ist mit einer 10 Fuß hohen, sehr dicken Mauer bis an die Südseite umgeben."

Anfang des 19. Jahrhunderts zählte Kassel in der Altstadt 1.428 Häuser, dazu kamen noch 180 Häuser der Vorstädte, sodass man gesamt auf 1.608 nummerierte, das heißt mit Hausnummern versehene Gebäude kam. Daraus abgeleitet ergibt sich eine Einwohnerzahl von

Lade mit der Ansicht des Hohenzollernviertels, entstanden 1891 (o.); Im Takt der Fabriken (li.)

fast 25.800. Damit lag Kassel, was die Bevölkerungszahlen angeht, zwischen Frankfurt (ca. 40.000) und Wiesbaden (ca. 12.000). Bedeutende Universitätsstädte wie Marburg, Gießen oder Göttingen lagen mit ca. 5–9.000 deutlich darunter.

Ausstellungsgegenstände aus der Jüdischen Gemeinde Kassels

Arbeitsplatz eines Zigarrenfabrikanten

Interessant ist, was im Adressbuch „Cassel & Wilhelmshöhe" zum Konsum in der Residenzstadt geschrieben wird. Demnach wurden damals in der Stadt im Durchschnitt 100 Viertel Roggen und 45 Viertel Weizen täglich verbacken. In den Schlachthöfen schlachtete man wöchentlich zwischen 38 und 44 Ochsen und vier bis fünf Kühe, Hammel und Kälber jährlich zwischen 10.000 und 12.000 Stück. Schweine waren es 2.000 Stück. Hinzu kamen die noch gestatteten Hausschlachtungen, die schwer zu zählen waren. Und auch der Getränkeverbrauch war beachtlich, denn die Kasseler Bevölkerung verbrauchte an gewöhnlichem Bier „jährlich 9788 Ohm, sogenanntes Doppel-, Lager und Waizenbier 2710 Ohm, zusammen 12498 Ohm. Branntwein monatlich 300, jährlich 3600 Ohm." Die Maßkette für das Ohm war regional unterschiedlich, in Frankfurt entsprach ein Ohm 143,41 Liter, in Preußen waren es 137,4 Liter. Für Hessen nimmt man allgemein an, dass ein Ohm 160 Liter und damit 1,6 Hektoliter umfasste. Eine stattliche Menge also, was an Flüssigkeit durch die durstigen Kehlen der Kasseler Bevölkerung floss. Zu dieser hat das Adressbuch auch (s)eine Meinung: „Die Casselaner sind, so wie alle Hessen, bieder, dem Fürsten und dem

Vaterlande treu ergeben, im Kriege folgsam und tapfer, im Frieden unermüdlich in ihrem Berufe, arbeitsam und thätig, um sich und die ihrigen redlich zu nähren, gefällig und höflich, besonders gegen Fremde."

Stadt und Bevölkerung lassen sich aus den, sicherlich in manchen Bereichen subjektiv gefärbten, Angaben deutlich darstellen. Kassel war als Residenzstadt Mittelpunkt der Landgrafschaft Hessen-Kassel. Mit dem landgräflichen Schloss in der Stadt, seinen Kirchen, Parkanlagen und den Bildungseinrichtungen, wie dem Museum Fridericianum, der Bildergalerie oder dem Schauspielhaus, hob sie sich deutlich von anderen Residenzen vergleichbarer Größe ab und demonstrierte so auch nach außen die Bedeutung Hessen-Kassels.

Der Beginn des 19. Jahrhunderts brachte für den Landgrafen von Hessen-Kassel eine besondere Würdigung. Durch den Reichsdeputationshauptschluss 1803 wurde er in den Rang eines Kurfürsten erhoben. Zwar gab es nach 1806 keinen Kaiser mehr, der von den Kurfürsten gewählt werden konnte, doch war die kleine Landgrafschaft, für die sich allgemein die Bezeichnung Kurfürstentum Hessen oder Kurhessen einbürgerte, den anderen Großherzögen gleichgestellt.

Als 1806 Hessen-Darmstadt und das Herzogtum Nassau dem Rheinbund beitraten, lehnte Wilhelm I. einen Beitritt ab, verhandelte aber gleichzeitig mit den Preußen, da er sich von einem preußischen Erfolg Gebietsgewinne erhoffte. Wie die Geschichte zeigt, sollte sich sein Taktieren nicht auszahlen. Preußen musste 1806 bei Jena und Auerstedt zwei schwere Niederlagen hinnehmen und im weiteren Verlauf des Feldzuges später kapitulieren. Hilfe von dieser Seite für das bedrängte Kurhessen blieb daher aus. Der Kurfürst versuchte nun, durch die Erklärung der hessischen Neutralität seinen Herrschaftsbereich zu sichern, und als dies nichts half, versuchte man in letzter Sekunde, noch dem Rheinbund beizutreten, doch auch dieser Versuch scheiterte.

STADTLANDSCHAFTEN
KUNST
HAND
WERK
ERSTE
MANUFAKTUREN
IN KASSEL

Kurfürst Wilhelm musste das Land verlassen, sein Land wurde Teil des neu gegründeten Königreichs Westfalen unter der Regentschaft des Napoléonbruders Jérôme, Kassel blieb Residenz. Die Bewertung der Rolle Jérômes als zeitweiliger Landesherr in den Jahren 1807 bis 1813 fällt unterschiedlich aus. Einerseits verspottete man ihn als „König Lustik" und stempelte ihn zum unersättlichen Lüstling, andererseits legte er im Königreich Westfalen die Grundlagen für den heutigen Rechtsstaat sowie die parlamentarische Demokratie und lockerte vor allem die Berufsbeschränkungen, indem die Gewerbefreiheit eingeführt und damit das starre Zunftwesen des Mittelalters aufgebrochen wurde. Die Neuerungen in Verwaltung, Justiz und Sozialwesen standen im krassen Gegensatz zu den immer stärker ansteigenden Steuern und Abgaben, die nicht nur der Hofkasse in Kassel zugutekamen, sondern hauptsächlich zur Befriedigung der Bedürfnisse der Administration in Frankreich und des kaiserlichen Heeres dienten. Außerdem fällt in Jérômes Regierungszeit der Brand des Stadtschlosses an der Fulda. Das stark zerstörte Gebäude wurde nicht wieder aufgebaut, und die Stadt verliert damit ein Stück ihrer charakteristischen oben angedeuteten Silhouette.

Die Herrschaft des Napoléonbruders endet mit der Völkerschlacht bei Leipzig 1813. König Jérôme verlässt Kassel, Kurfürst Wilhelm I. kehrt nach siebenjährigem Exil wieder nach Hessen zurück. Sein Eintreffen in Kassel wurde von den Bürgern begeistert gefeiert. Wie auf einem Gemälde des Düsseldorfer Historien- und Porträtmalers Friedrich Klein-Chevalier abgebildet, spannten sich vornehm gekleidete Bürger vor die Kutsche und zogen sie mit purer Körperkraft in die Stadt. Die Begeisterung dürfte sich, zumindest in einigen Teilen der Bevölkerung, rasch gelegt haben: Denn der Kurfürst ließ alle während des Königreichs Westfalen erlassenen Gesetze wieder rückgängig machen, unter anderem wurde eine neue kurhessische Zunftordnung erlassen, die die Gewerbefreiheit aufhob und die Zünfte in ihrem alten Umfang wiedereinsetzte. Außerdem überwachte eine eigens gegründete Zensurbehörde jede öffentliche Kritik, das unter den Franzosen erwachte politische Selbstbewusstsein der Bürger wurde damit wieder unterdrückt und alle Reformen wurden rückgängig gemacht. Wilhelm I. träumte davon, das alte Chatten-Königtum wieder aufleben zu lassen und plante zu diesem Zweck, an Stelle des abgebrannten Stadtschlosses die sogenannte Chattenburg zu errichten. Über die Verlegung von Grundsteinen kam der Bau aber nicht hinaus und blieb als Ruine bis in die preußische Zeit stehen. Wilhelm I. starb am 14.03.1820 und wurde in der Kapelle der Löwenburg beigesetzt.

Das kulturelle Leben nach der französischen Zeit war in Kassel wenig ausgeprägt, was auch daran lag, dass der neue Kurfürst, Wilhelm II. von Hessen-Kassel, ein auffallendes Desinteresse für die bildenden Künste, Literatur und die Wissenschaften allgemein zeigte. So ist es auch nicht verwunderlich, dass die Brüder Grimm, beide in der kurfürstlich-hessischen Bibliothek beschäftigt, enttäuscht von ausbleibenden (Be-)Förderungen 1830 nach Göttingen zogen. Nur das Hoftheater und die Hofkapelle unter Leitung des Hofkapellmeisters Louis Spohr erfuhren eine gewisse Würdigung und belebten das eher bescheidene Kulturleben der Residenzstadt. Dies korrespondiert mit den Äußerungen im bereits zitierten Reiseführer von 1828 zu den geselligen Unterhaltungen: „Der geselligen Unterhaltungen und Vergnügungen in Cassel sind wenige und diese nicht sehr kostspielig."

Währenddessen schwellte der Konflikt zwischen Bürgertum und Landesherrn immer weiter an. Wilhelm II. missachtete, ebenso wie es sein Vater bereits getan hatte, das Mitbestimmungsrecht der Bürger. Innerhalb der Bürgerschaft entwickelte sich, angeführt von (Ober-)Bürgermeister Karl Schomburg und dem Küfermeister Karl Herbold, eine Oppositionsbewegung, deren Ziel die treibenden Kräfte einer bürgerlich-liberalen Reformbewegung waren. Erst unter großem Druck und wegen Zunahme von Unruhen innerhalb der Bevölkerung, stimmte

Blick in die Dauerausstellung erstes Obergeschoss: Der Aufstieg des Bürgertums

„Der Drache", Friedrich Wilhelm Philipp Range, 1910, Silber

der Kurfürst der Einberufung der Landstände und der Verabschiedung einer liberalen Verfassung zu. Eindrucksvoll dokumentiert wird dies durch eine Lithografie von Ludwig Emil Grimm, die den Empfang der Bürgerabordnung durch Wilhelm II. im Stadtschloss zeigt.

Die vermeintliche Ruhe hielt aber nicht lange an, denn kurz nach der Einigung verließ der Kurfürst nach einem Eklat um seine Mätresse Gräfin Reichenbach tiefbeleidigt und für immer seine Residenzstadt. Zum Regenten ernannte er seinen Sohn, den Kurprinzen Friedrich Wilhelm. Mit ihm, der nach dem Tod seines Vaters 1847 die Herrschaft übernahm, begann das letzte Kapitel des Hauses Hessen-Kassel.

Die politische Lage blieb in Kassel unverändert angespannt. Ganz in der Tradition seiner Vorväter versuchte der neue Herrscher, die neuen, liberalen Gedanken in der Residenzstadt, in der zu dieser Zeit etwa 35.000 Menschen lebten, durch Bespitzelungen, Zensur und Verhaftungen zu unterdrücken. Die Revolution von 1848 führte auch in Kassel in den ersten Märztagen zu Unruhen, die den Kurfürsten dazu bewogen, Zugeständnisse etwa in Form von Pressefreiheit zu machen. Die nach dem Scheitern der Revolutionsbewegung in Deutschland um sich greifende Restauration führte zur Stabilisierung der Lage in Kassel allerdings nur für kurze Zeit, denn als kurfürstliche Soldaten eigenmächtig gegen Demonstranten vorgingen und dabei zahlreiche Menschen verletzten, sah sich der Kurfürst genötigt, die Stadt zu verlassen und den Regierungssitz kurzzeitig nach Hanau zu verlegen. Die zu Hilfe gerufenen Truppen des Deutschen Bundes sorgten wieder für Ruhe in der Stadt, mit unangenehmen Folgen für die Bevölkerung: Die sogenannten Strafbayern wurden hauptsächlich bei politisch aktiven Bürgern einquartiert und mussten von diesen auch verpflegt werden. Bei Oberbürgermeister Hartwig etwa waren es zwischen 25 und 30 Soldaten, die unterzubringen und zu verköstigen waren.

Die allgemeine Stimmungslage verbesserte sich zusehends durch den Aufschwung von Industrie und Handel. Vor allem die Firma Henschel mit ihrer Lokomotivenproduktion – 1848 hatte man mit der Lokomotive „Drachen" die erste einheimische Lokomotive gebaut, die im gleichen Jahr auf der Friedrich-Wilhelms-Nordbahn ihren Dienst aufnahm – und die aufstrebende Textilindustrie belebten die Wirtschaft und lockten vermehrt Arbeiter in die Stadt. Die Stadt expandierte. 1857 wurde der Hauptbahnhof fertiggestellt. Im Westen der Stadt, in den Gemarkungen der Dörfer Wehlheiden und Kirchditmold, kaufte der Unternehmer Sigmund Aschrott ab 1860 Ländereien auf, um dort Straßen und Häuser zu bauen. Kurfürst Friedrich Wilhelm I. war aber zu konservativ, um die Zeichen der Zeit zu erkennen. Zunächst ließ er durch eine neue „Verfassungs-Urkunde für das Kurfürstenthum Hessen“ alle wichtigen Neuerungen der Verfassung von 1831 rückgängig machen. Als Signal an alle revolutionären Kräfte wurde dann 1862 der Seiteneingang des Zeughauses, durch den sich während der Unruhen 1848/49 das Volk Zutritt verschafft hatte, um sich zu bewaffnen, zugemauert und damit deutlich symbolhaft klargemacht, dass solches nicht mehr passieren werde.

In völliger Verkennung der politischen und militärischen Lage verdarb es sich der Kurfürst dann auch noch mit den Preußen, deren innenpolitische Liberalisierungsversuche ihn verstörte, sodass er sich, wenn auch widerstrebend, im Zuge des Konflikts zwischen Deutschem Bund und dem langjährigen engen Verbündeten Preußen auf die Seite des Ersteren schlug. Damit wurde das Ende des Kurfürstentums eingeläutet. Preußen besetzte die Residenzstadt Kassel kampflos, Kurhessen wurde preußische Provinz, und der Kurfürst ging nach Böhmen ins Exil.

Für Kassel selber bedeutete dieses Ende aber auch einen neuen Anfang. Denn als Hauptstadt der Provinz Hessen-Nassau traten als Ersatz für die früheren kurfürstlichen Zentralbehörden auf administrativer Ebene das Oberpräsidium sowie die Regierung und auf militärischer Ebene das Generalkommando des 11. Armeekorps, der Stab der 22. Division und weitere Brigaden. Die Bevölkerung wuchs. Während 1830 in der Stadt noch 26.000 Bewohner gezählt wurden, waren es 30 Jahre später bereits an die 40.000. Durch den Wegfall der alten Stadtmauern entstanden neue Wohnviertel: im sogenannten Vorderen Westen herrschaftliche Gründerzeit- und Jugendstilhäuser für Beamte, Offiziere und höhere Verwaltungsbedienstete, im Osten und im Norden große Arbeitersiedlungen. Auch die Versorgung der Bevölkerung verbesserte sich allmählich. 1872 konnten erstmals Teile der Stadt mit Trinkwasser aus neu verlegten Leitungen versorgt werden, gegen Ende des Jahr-

hunderts entstanden das Elektrizitätswerk an der Neuen Mühle und das Gaswerk. Kerzen und Holz zur Feuerung und Beleuchtung hatten damit ausgedient.

Auch wirtschaftlich brachte der landesherrliche Wechsel bedeutende Veränderungen. Bereits im März 1867 verkündete die preußische Regierung die Aufhebung des Zunftmonopols und die Einführung der Gewerbefreiheit. Zu den sich neu entwickelnden Pfeilern der Kasseler Wirtschaft gehörten zum einen die Schwerindustrie mit dem Lokomotivbauer Henschel, der bald die 5.000. Lokomotive ausliefern sollte, oder die Waggonbauer Credé, und zum anderen die sich allmählich entwickelnde Textilindustrie, wie etwa die Segeltuch-Weberei Fröhlich & Wolff, die unter anderem die Eisenbahn, die Marine und das Heer mit Segeltuch belieferte, oder Heinrich Salzmann, der in Bettenhausen seine Textilfabrik mit zunächst 20 Webstühlen gründete. Durch die Eröffnung des Hafens konnte auch die Fulda-Schifffahrt weiter expandieren.

Ins Blickfeld der Weltöffentlichkeit rückte Kassel im Deutsch-Französischen Krieg 1870, als der französische Kaiser Napoléon III. als Gefangener auf Schloss Wilhelmshöhe gebracht wurde und dort sechs Monate unfreiwillig zubringen musste. Dann wieder, als der ehemalige Fridericianer-Schüler und spätere Kaiser Wilhelm II. Kassel zur Sommerresidenz auserkor.

Das Kassel des 19. Jahrhunderts durchlebte große Veränderungen. Von der eher verschlafenen, kleinen Residenzstadt an der Fulda entwickelte sich die Stadt zu einem wichtigen Wirtschaftsstandort mit über 100.000 Einwohnern, deren vielfältiges Erscheinungsbild – Arbeiterwohnbauten im Norden und Osten, verwinkelte Altstadtzüge in der Mitte und Unterneustadt und moderne Wohnbebauung im Vorderen Westen und in Richtung Wilhelmshöhe – die städtebauliche Silhouette bis zur ihrer Zerstörung im Zweiten Weltkrieg prägen sollte.

Winfried Speitkamp

Wechselfälle

Kassel im 20. Jahrhundert

Im 20. Jahrhundert erlebte Kassel alle Höhen und Tiefen der deutschen Geschichte – und dies in besonders drastischer Weise.[1] Am Vorabend des Ersten Weltkriegs schien der Aufstieg noch unaufhaltsam. Die Großstadtgrenze von 100.000 Einwohnern hatte man schon an der Jahrhundertwende überschritten, die Industrie blühte, das Bürgertum erstarkte. 1910 wurde das hundertjährige Bestehen der Firma Henschel und Sohn begangen, gleichzeitig wurde die zehntausendste Lokomotive ausgeliefert. Henschel stand wie keine andere Firma für die Industrialisierung nicht nur Kassels und das Wirken Sophie Henschels Anfang des 20. Jahrhunderts überdies für Mäzenatentum und Sozialfürsorge des Bürgertums. Neue Prachtgebäude entstanden, wie 1909 das Rathaus und das neobarocke Theatergebäude sowie 1914 die neue Stadthalle. Die Stadt wuchs; davon legte das gründerzeitliche Hohenzollernviertel im Vorderen Westen ebenso Zeugnis ab wie die Expansion ins Umland: 1899 bzw. 1906 wurden Wehlheiden, Wahlershausen, Kirchditmold, Rothenditmold und Bettenhausen eingemeindet. Die Jahrtausendfeier Kassels von 1913 spiegelte bürgerlichen Aufstieg und Stolz ebenso wie die noch nicht verblasste Tradition der Stadt als Residenz.

Der Erste Weltkrieg belastete die Stadt freilich, zog neue Arbeitskräfte für die Rüstungsindustrie in die Stadt, steigerte dadurch die Wohnungsnot und verschärfte die sozialen Konflikte, als ab 1917 noch Versorgungsengpässe und Hunger hinzukamen. Nach ersten Unruhen noch zu Kriegszeiten fassten daher auch in Kassel die Arbeiter- und Soldatenräte im November 1918 schnell Fuß, doch wie anderenorts mussten sie sich mit den bestehenden kommunalen Behörden unter dem erfahrenen

Philipp Scheidemann, persönliche Gegenstände (l.); Scherben, Grabungsfunde vom Rosenhang, Kunstinstallation, Wolfgang Luh 2013 (r.)

Bürgermeister Erich Koch(-Weser), später Reichsinnen- und Reichsjustizminister, und mit dem Militär arrangieren. Sie bemühten sich gemeinsam mit den Behörden vor allem um Demobilisierung, Wiedereingliederung der Soldaten, Bereitstellung von Wohnraum und die Umstellung der Wirtschaft auf Friedensproduktion. Zu offenen Konflikten kam es kaum, nicht einmal als am 14. November 1918 Paul von Hindenburg als Chef der Obersten Heeresleitung, Generalquartiermeister Wilhelm Groener und die Mitglieder des Großen Hauptquartiers in Kassel eintrafen, um die Demobilmachung zu organisieren. Der Arbeiter- und Soldatenrat schickte sogar einen Vertreter zur Begrüßung, und Hindenburg wurde noch im Februar 1919 zum Ehrenbürger der Stadt Kassel ernannt. Der Arbeiterrat stand unter Leitung Albert Grzesinskis, der später unter anderem als Berliner Polizeipräsident und preußischer Innenminister amtierte, und folgte der Linie der Mehrheitssozialdemokratie; er löste sich mit der Etablierung des parlamentarischen Systems auf.

Allerdings kam es auch in Kassel wiederholt zu Unruhen, doch hatten sie eher mit sozialer Not (Lebensmittelknappheit 1919) und politischen Angriffen auf die Republik (Kapp-Putsch 1920) zu tun. Die Konflikte wurden eher von der bürgerlichen Gegenseite befeuert, die sich nach dem Übergang zur Republik kaum mit der nun sozialdemokratischen Vorherrschaft in der Stadt unter dem neuen Oberbürgermeister Philipp Scheidemann abfinden konnte. Scheidemann, der in Kassel aufgewachsen war und hier schon vor dem Weltkrieg als Journalist und Stadtverordneter gewirkt hatte, hatte am 9. November 1918 in Berlin die Republik ausgerufen und war im Februar Ministerpräsident der ersten parlamentarisch-republikanischen Reichsregierung geworden. Von 1920 bis 1925 amtierte er als Oberbürgermeister in Kassel und engagierte sich besonders in der Sozial- und Wohnungspolitik. Er blieb freilich umstritten und wurde von der rechten Opposition scharf attakkiert, 1924 betrieb man ein Amtsenthebungsverfahren. 1922 war sogar ein Attentat auf ihn verübt worden. Schon seit 1924 hatten die bürgerlichen Parteien die Mehrheit im Stadtrat, Scheidemanns Position wurde damit letztlich unhaltbar.

Immerhin gelang es, den Weg von der Rüstungs- in die Friedensproduktion voranzutreiben. Auch die Beschäftigungsmöglichkeiten in der Stadt waren anfangs durchaus noch gut, doch schon 1923/24 zeichnete sich eine Krise auf dem Arbeitsmarkt ab, die sich in der Blütezeit der Republik nur für wenige Jahre milderte. Scheidemanns Nachfolger, Herbert Stadler von der Deutschen Demokratischen Partei, der sein Amt nach der „Machtergreifung“ von 1933 verlor, konnte die Strukturkrise der Stadt ebenso wenig lösen. Infolge der Weltwirtschaftskrise von 1929/30 ging die Industrieproduktion fast schlagartig zurück, in der

Metallindustrie zum Beispiel wurden die Beschäftigtenzahlen um zwei Drittel reduziert, und auch der Haushalt der Stadt Kassel brach ein, was drastische Einschnitte in der Sozial- und Kulturpolitik zur Folge hatte. Parallel vollzog sich auch in Kassel der Aufstieg der NSDAP; der Rechtsanwalt Roland Freisler, später Präsident des Volksgerichtshofs, spielte hier als Stadtverordneter eine dominierende Rolle. Das Klima in der Stadt wurde immer konfrontativer, die Angriffe auf Republik und Republikaner häuften sich. Noch einmal verfestigten sich die politischen Milieus, ablesbar an den Wahlergebnissen, die an die soziale Struktur der Wahlbezirke gebunden waren. Die SPD konnte ihre Stimmenzahl bis 1933 mit kleinen Schwankungen halten (aber angesichts gestiegener Wahlbeteiligung nicht ihren Stimmenanteil), die KPD blieb bei den Kommunalwahlen von 1924 und 1929 ebenfalls stabil, genauso die radikale Rechte, vor allem die NSDAP. Sogar das bürgerliche Lager der Mitte, besonders Zentrum und DDP, hielt sich bis 1929, während die bürgerliche Rechte schon 1929 deutliche Stimmenverluste verzeichnete. Es hatte ihr nichts genutzt, dass sie auf die Verschärfung der Milieukonfrontation und auf die antirepublikanische Stimmung des Bürgertums gesetzt hatte. Davon profitierte vielmehr die NSDAP, die bei den Kommunalwahlen vom 12. März 1933 mit 45,6 Prozent der Stimmen einen erdrutschartigen Sieg errang, freilich nicht die absolute Mehrheit erlangte.

Mittlerweile wurde auch in Kassel der Prozess eingeleitet, der als „Machtergreifung" bezeichnet worden ist und mit brutaler Gewalt, Säuberungen, willkürlichen Verhaftungen („Schutzhaft") und Folterungen einherging. Die NSDAP durchdrang außerordentlich schnell den Raum der Stadt und setzte die Beseitigung des parlamentarischen Systems auch in Kassel durch. Boykotte jüdischer Geschäfte und fortwährende Angriffe auf Sozialdemokraten und Gewerkschafter unterstrichen, dass Kassel nun nicht nur der Linie der nationalsozialistischen Reichsregierung folgte, sondern ihr zuarbeitete. Beispielhaft und bekannt ist, dass in Kassel die Synagoge bereits am Abend des 7. November 1938 attakkiert wurde, also früher als in anderen Städten. Die Nationalsozialisten profitierten im Übrigen von dem wirtschaftlichen Aufschwung: Zwischen 1933 und 1939 erhöhten sich die Beschäftigtenzahlen in Kassel um mehr als ein Fünftel, was zu einem großen Teil auf die Rüstungswirtschaft zurückging. Diese Scheinblüte konnte nicht von Dauer sein, sie produzierte die Bedingungen ihres eigenen Untergangs, von dem Kassel mehr noch als andere Metropolen betroffen war.

Als Wendepunkt der Stadtgeschichte Kassels gilt die Bombardierung der letzten Kriegsjahre, besonders die weitgehende Zerstörung der Innenstadt in der Nacht vom 22./23. Oktober 1943. Nicht nur Gebäude wurden zerstört, Tausende Menschen starben durch Bomben und Brände, und mehr als 150.000 Menschen verloren ihre Wohnung. Noch um 1940 hatte die Stadt über 200.000 Einwohner, 1945 war die Zahl um mehr als die Hälfte zurückgegangen. Das sogenannte Trümmermodell im Kasseler Stadtmuseum zeigt nicht nur die zerstörte Stadt, es steht für einen Erinnerungsort, ein Trauma, und symbolisiert zugleich Kasseler Identität. Die Zerstörung hat lange das Selbstverständnis der Stadt geprägt, das Image als eine Stadt, die Zerstörung, wirtschaftlichen Niedergang und demografische Auszehrung erfahren hat. Erst seit dem ersten Jahrzehnt des 21. Jahrhunderts hat sich dieses Bild gewandelt. Tatsächlich gibt es auch nicht die ganze Geschichte Kassels zwischen 1945 und 2000 wieder.

Am Anfang, nach der Überwindung der Nachkriegsnot, stand jedenfalls ein gewisses Pathos des Wiederaufbaus und der Modernisierung – Kassel beanspruchte einen Vorreiterstatus im deutschen Vergleich. Kassel wurde zur autogerechten Stadt ausgebaut, die Fußgänger wurden an neuralgischen Knotenpunkten quasi unter die Straße verlegt, nämlich auf Unterführungen verwiesen, und mit der Treppenstraße entstand 1953 die erste Fußgängerzone Deutschlands. Was heute oft

Modell der kriegszerstörten Stadt
im Mai 1945

Luftschutz-Hausapotheke;
Volksgasmaske

kritisiert wird, der Primat des Auto-Verkehrs, die einförmige Gestaltung der Nachkriegsbauten, die Beseitigung der überkommenen, oft noch nicht völlig zerstörten historischen Bauten, wurde bis in die 1970er Jahre durchaus noch positiv gesehen. Da wurde die Umgestaltung Kassels sogar als vorbildlich und geradezu schön gepriesen, zugleich als Muster sozialdemokratischer Politik. Freilich war im Aufbauprozess unklar, wie groß das Ausmaß der Zerstörungen im Krieg eigentlich war. Die Schadenserfassungen wurden seit 1944 immer dramatischer, Schäden, die man 1944/45 noch als reparabel angesehen hatte, wurden 1946 oft als Totalschäden deklariert. 1944 kam man auf einen Schadensgrad an Gebäuden von 44,2 Prozent, 1945 schon auf 68 Prozent, und 1946 stieg der Wert auf 77,6 Prozent. Diese Wertung erleichterte die Durchsetzung radikaler Umgestaltungen. Aber der Wiederaufbau knüpfte auch an Vorkriegsplanungen an und zielte zugleich auf das Modell einer offenen, verkehrsfreundlichen Stadt. Alte Bebauung und Straßenzüge standen dem Fortschritt im Weg. Das neu geschaffene System des Inneren Rings, das dem Verkehr dienen und zugleich die neue Innenstadt, deren Kern nunmehr verlagert wurde, vom Verkehr entlasten sollte, zerstörte den Marstaller Platz, durchbrach den Friedrichsplatz, teilte die Oberneustadt und löste die alte Struktur der Stadt auf. Nur mehr ausgewählte Gebäude sollten erhalten bleiben, wie Karls-, Martins- und Brüderkirche, Zeughaus, Druselturm, Garnisonkirche, Neue Gemäldegalerie, Fridericianum und Ottoneum. Andere, wie die Orangerie und das Bellevue-Palais, waren zur Sprengung vorgesehen. Die Planer hielten abgesehen von einzelnen Objekten die mittelalterlichen Teile der Stadt nicht für erhaltenswert, sondern vor allem die Oberneustadt, das Dokument baukünstlerischer Gestaltung des 17. und 18. Jahrhunderts. Auch die Zeugnisse der jüngeren Geschichte und des Kaiserreichs wie das Hohenzollernviertel schienen vielen nicht sonderlich wertvoll. Die „Scheußlichkeiten der ‚Gründerzeit'“, so die Kasseler Post im August 1951, wollte man mehrheitlich nicht mehr sehen. Acht Jahre lang wurde über den Wiederaufbau des Kasseler Staatstheaters debattiert, des wilhelminischen Prunkbaus, der im Krieg schwer beschädigt, aber nicht zerstört worden war. In den 1960er und 1970er Jahren wurde das Stadtbild durch weitere Straßenverbreiterungen, neue Wohnanlagen und Fußgängerunterführungen noch einmal verändert.

An Grundsätzen und Praxis des Wiederaufbaus wurde seit den 1970er Jahren zunehmend Kritik geübt. Der Glaube an Fortschritt, Technik und automobilen Verkehr wurde in Zweifel gezogen, der Verlust von Bindung und Identität beklagt. Die Vorstellung von der zweiten Zerstörung der Stadt durch den Wiederaufbau verstärkte im öffentlichen Diskurs eher das Verlierer-Narrativ. Erst seit der Jahrtausendwende bahnte sich ein erneuter Wandel ab. Man begann auch die Qualitäten der Architektur der 1950er Jahre wieder zu erkennen und zu schätzen. In dem Wandel der Einstellung zum Wiederaufbau spiegelten sich ökonomische und politische Entwicklungen. Politisch war die Stadt geprägt von sozialdemokratischer Führung unter den ersten Oberbürgermeistern, namentlich Lauritz Lauritzen, Karl Branner und Hans Eichel von 1954 bis 1991; 1981 wurde Eichel erstmals auch mit den Stimmen der jungen Partei der Grünen gewählt. Die SPD-Oberbürgermeister standen für Modernisierung im Wiederaufbau, für die Öffnung der SPD als Volkspartei, aber auch für die Stärkung des Einfluss Kassels in Hessen und der Bundesrepublik. Die Krise dieser Politik und der ökonomische Niedergang der Stadt trugen dazu bei, dass 1993 ein CDU-Politiker zum Oberbürgermeister gewählt wurde.

In wirtschaftlicher Hinsicht sind die Entwicklungen des 20. Jahrhunderts am ehesten als De-Industrialisierung zu fassen. Dem Nachkriegsaufschwung der 1950er Jahre folgte auch in Kassel ein drastischer Rückgang der Industrieproduktion, der durch den Aufschwung im Bereich von Dienstleistungen und öffentlicher Verwaltung zwar abgemildert, aber nicht aufgefangen werden konnte. Maschinenbau, Metallindustrie und Textilindustrie, Hauptpfeiler der Kasseler Wirtschaft, ver-

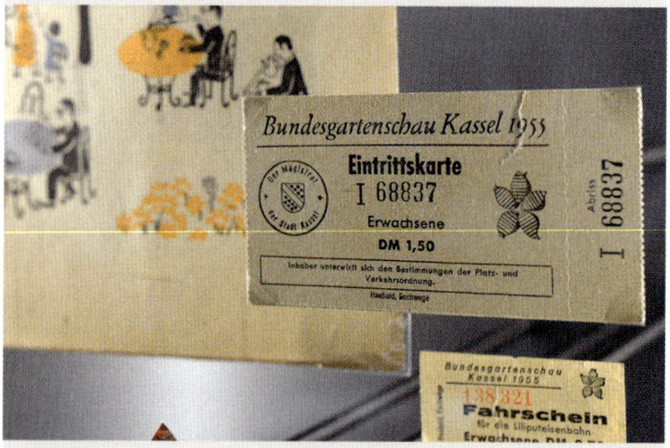

Alltagsgegenstände aus den 1950er Jahren (o.); Erste Bundesgartenschau in Kassel 1955 (u.)

loren in den 1960er und 1970er Jahren rapide. Symptomatisch ist, dass der neue Hauptcampus der Universität Anfang der 1980er Jahre auf dem ehemaligen Henschel-Gelände errichtet wurde. Nur der dabei verwendete rote Backstein, einzelne erhaltene Werksgebäude, die teilweise unter Denkmalschutz standen, sowie Bezeichnungen wie K10 und K19, die sich auf die Nummerierung von Henschel-Gebäuden im Werk Kassel beziehen, verwiesen noch auf die (Vor-)Geschichte der Henschel-Werke. Der Charakter der Stadt begann sich markant zu ändern, Industriebrachen, wachsende Arbeitslosigkeit (von 0,8 Prozent im Jahr 1970 auf 12,8 Prozent im Jahr 2000) und Abwanderung (der Tiefstand der Einwohnerzahl wurde 1985 mit 184.500 erreicht) drückten die Stimmung. Erst nach der Jahrtausendwende machten sich die Folgen der Wiedervereinigung und der bundesweite wirtschaftliche Aufschwung für Kassel positiv bemerkbar.

Ungeachtet der politischen und ökonomischen Wechselfälle entwikkelte sich Kassel im 20. Jahrhundert (wieder) zum kulturellen Zentrum. Maßgeblich dafür war unter anderem die Museumslandschaft, die es in einer derartigen Breite und Auffächerung in einer Stadt dieser Größenordnung sonst nicht gibt. Sie reicht vom Museum Fridericianum über Naturkundemuseum (Ottoneum) und Museum für Sepulkralkultur sowie Stadt- und Landesmuseum bis zur Neuen Galerie an der Schönen Aussicht sowie Antikensammlung und Galerie Alter Meister im Museum Schloss Wilhelmshöhe. Sinnbild des kulturellen Aufschwungs war zudem die documenta, eine der weltweit wichtigsten Ausstellungen zeitgenössischer Kunst. Die documenta wurde 1955 durch den Künstler, Kurator und Hochschullehrer Arnold Bode ins Leben gerufen. Sie fand seit 1972 alle fünf Jahre statt, erfasste den städtischen Raum und zog ein internationales Publikum für 100 Tage in die Stadt. Immer wieder griff sie aktuelle Fragen auf und erzielte nachhaltige Wirkung, beispielsweise durch die „Stadtverwaldung“ von Joseph Beuys, der 7.000 Eichen pflanzen ließ, aber auch durch vielfältige weitere Kunstwerke, die zum

Teil im Stadtbild erhalten blieben. Schließlich steht auch die Gründung der Gesamthochschule Kassel im Jahr 1971 für den kulturellen Aufschwung der Stadt. Verschiedene Institutionen wie die Hochschule für Bildende Künste und die Ingenieurschule gingen in die Neugründung ein. Neben Kunst und Technik bildete auch die Lehrerbildung einen wichtigen Pfeiler der Universität, die damit ein breites Fächerspektrum und ein spezifisches Profil aufwies. Als Reformhochschule sollte die Neugründung zugleich für Bildungsexpansion und Chancengleichheit stehen. Zwar verabschiedete man sich schrittweise von dem umstrittenen Reformmodell; aus der Gesamthochschule wurde zunächst die „Universität Gesamthochschule Kassel" und nach der Jahrtausendwende auch nominell die „Universität Kassel". Doch mit ihrem besonderen Profil hatte die Gesamthochschule durchaus Erfolg; schon innerhalb der ersten 20 Jahre stieg die Zahl der Studierenden von anfangs rund 3.000 auf über 16.000.

An der Wende zum 21. Jahrhundert fand sich die Stadt Kassel am Scheideweg wieder. Der 1991 eröffnete Fernbahnhof Wilhelmshöhe symbolisierte die Ambivalenzen: Er war überfällig, indem er den veralteten Hauptbahnhof ablöste; Kassel lag nun im Zentrum wichtiger ICE-Fernverbindungen. Aber der architektonisch eher unvorteilhaft an der Grenze von Moderne und Postmoderne angesiedelte Bahnhof mit seinem zugigen und ungastlichen Aufenthaltsbereich war kein attraktives Eingangstor in die Stadt und erst recht kein Ort, der zum Verweilen einlud, sondern wurde eher als Chance gesehen, die Stadt schnell wieder zu verlassen. Er spiegelte damit ungewollt auch das ambivalente Selbstverständnis, das mangelnde Selbstvertrauen in der Stadt Kassel. Das begann sich mit dem Aufschwung nach der Jahrtausendwende grundlegend zu ändern – auch wenn der ICE-Bahnhof davon noch unberührt scheint.

Blick in die Dauerausstellung,
zweites Obergeschoss: „Krieg und Frieden“

1 *Zur Geschichte Kassels im 20. Jahrhundert liegen mittlerweile materialreiche Studien vor; verwiesen sei nur auf Jens Flemming / Dietfried Krause-Vilmar (Hg.), Kassel in der Moderne. Studien und Forschungen zur Stadtgeschichte, Marburg 2013; Wolfgang Schroeder (Hg.), Kassel 4.0. Stadt der Transformationen, Marburg 2016; Kassel Lexikon, hg. von der Stadt Kassel, 2 Bde., Kassel 2009.*

Wolfgang Schroeder

Kassel 4.0

Von der selbstbewussten Residenzstadt zur postmodernen Industrie-, Dienstleistungs-, Wissens- und Kulturmetropole des 21. Jahrhunderts

Kassel ist wieder in aller Munde. Die Anziehungskraft der nordhessischen Provinzmetropole hat in den letzten Jahren stetig zugenommen. Dieser Wiederaufstieg ist alles andere als selbstverständlich und stößt immer wieder auf Stirnrunzeln, ob das denn auch wirklich so sei. Kassel belegt, gemessen an der Einwohnerzahl, unter den 76 deutschen Großstädten, die mehr als 100.000 Einwohner stark sind, Platz 40[1]. Entgegen dem Negativimage der 1970er bis 1990er Jahre, das Kassel als eine schrumpfende, sich selbst blockierende Provinzmetropole sah, hat sich diese Stadt auf verschlungenen und nicht immer ganz widerspruchsfreien Wegen in den letzten 25 Jahren zu einer dynamischen regionalen Metropole entwickelt, die wieder ein positives überregionales Interesse auf sich zieht. Exemplarisch drückt sich dies in Kassels Spitzenposition im Dynamik-Ranking der Initiative Neue Soziale Marktwirtschaft (2011) aus. Dem Selbstbewusstsein der Bevölkerung scheint die neue Anerkennung gut zu tun, auch wenn damit das Kasseler „Gemähre", also der skeptisch, zurückhaltende Blick auf die eigenen Geschicke, nicht direkt Geschichte, und aus Hessisch-Sibirien nicht gleich Hessisch-Kalifornien wird.

Kassel liegt zugleich im Zentrum und am Rand. Einerseits befindet es sich in der Mitte Deutschlands, andererseits in der Peripherie, weit ab von den Metropolen, die den Ton in dieser Republik angeben. In Hessen ist Kassel als wirtschaftliches, politisches und kulturelles Zentrum Nordhessens das einzige urbane Gegengewicht im strukturschwächeren Norden gegenüber den südhessischen Städten. In Kassel haben sieben der 100 größten hessischen Unternehmen ihren Sitz. Mit Volkswagen, SMA und B. Braun Melsungen liegen drei weitere für die Region strukturbestimmende Unternehmen vor den Toren der Stadt.

Doch was hat sich denn nun in den letzten Jahren in Kassel verändert? Die Einwohnerzahl wächst entgegen aller Prognosen seit 2006 stetig und nähert sich wieder der Schwelle von 200.000 an. Die Zahl der Arbeitslosen konnte in den letzten zehn Jahren halbiert werden. Sie bewegt sich allerdings mit fast 10 Prozent immer noch auf einem hohen Niveau. Das stetige Wachstum der Unternehmen und Arbeitsplätze wurde in den letzten 15 Jahren von einem Anstieg der Studierendenzahlen begleitet. Kassel hat mit seiner 1990 wiedergewonnenen Mittellage eine besonders günstige Startposition, die nicht nur das ökonomische Wachstum der sich im Kasseler Raum mittlerweile kräftig ansiedelnden Logistikbranche beflügelt. Neben den ökonomischen Wandlungsprozessen erfolgte parallel dazu eine Neuordnung des kulturellen Raums, der die Stadt als Teil des „Weltkulturerbes" in verstärktem Maße zu einem Anziehungspunkt für den Kulturtourismus macht.

Kassel war immer eine lernende Stadt, die es – wenn auch zum Teil erst nach längeren Phasen der Krise und Stagnation – verstand, mit Widrigkeiten umzugehen, diese für sich anzunehmen und zu gestalten. Sie verstand es, dabei Chancen zu nutzen, durchaus auch Fehler zu machen und dennoch immer wieder auch neue kreative Lösungen zu finden. Dabei war Kassel mehrfach dazu gezwungen, sich neu zu erfinden. Doch dies gelang: Den Verlust der Residenz im 19. Jahrhundert beantwortete Kassel nach 1866 mit dem Aufbau einer vielfältigen Kunst- und Kulturszene, die in ähnlich großen Städten ihres Gleichen sucht. Die Kriegszerstörung der Bombennächte von 1943 beantwortete Kassel mit einem funktionalistischen und autogerechten Wiederaufbau der Innenstadt, der bis in die 1960er Jahre hinein als Referenzpunkt für moderne Stadtentwicklung galt. Die Krise, welche die Industriestadt seit

den 1970er Jahren erschütterte, wurde nach einigen Jahrzehnten in eine pluralistische Modernisierung der Wirtschafts- und Arbeitsstrukturen überführt. Und die Chancen des historischen Glücksfalls der Deutschen Einheit, die Kassel von einer Peripherie- in eine Zentrallage katapultierte, ergriff man beherzt, um sich als geografischer Mittelpunkt der neuen Berliner Republik zu positionieren. Das alles lief nicht so schnell wie erwartet, jedenfalls gab es auch eine Reihe von Rückschlägen, sodass zunächst eine Portion Frustrationstoleranz von Nöten war, um sich zu behaupten und mit einem längeren Atem die neuen Chancen anzusteuern. Kassel befindet sich keineswegs am Ende, sondern inmitten eines komplizierten Transformationsprozesses.

Mit der zentralen Lage in der Mitte Deutschlands tun sich zahlreiche Chancen auf. An erster Stelle gilt dies für Unternehmen, die von dieser günstigen Verkehrslage profitieren können: also vom ICE-Bahnhof, den Autobahnen A7, A44 und A49, der zentralen Haltestelle für Fernbusse und nicht zuletzt auch vom Kassel Airport. Für die Distributionslogistik ist die zentrale Lage der Region in Deutschland von großer Bedeutung. Sie besitzt den Vorteil, dass die Waren selbst zu später Tageszeit bis zum Folgetag an nahezu jeden Ort der Republik transportiert werden können. Doch um diese Angebote zu realisieren, sind zusätzliche Flächen für Warenlager und Fuhrparks notwendig. Dafür sind weitere Gebiete vor den Toren Kassels zu erschließen.

Auch wird der Bahnhof Kassel-Wilhelmshöhe als wichtigster Ankunftsort für fernreisende Gäste und Pendler künftig mehr als nur funktionalen Ansprüchen gerecht werden müssen. In früheren Zeiten galten Bahnhöfe als Visitenkarten ihrer Städte. Attraktive Wartesäle drückten dies besonders aus. Im Bahnhof Wilhelmshöhe gibt es jedoch keinen solchen Wartesaal. Die Funktion der Kasseler Selbstpräsentation erfüllt der kleine Hauptbahnhof in seiner Funktion als Kulturbahnhof im Stile der 1950er Jahre dabei weit besser. Für eine Neugestaltung des

Bahnhofs Kassel-Wilhelmshöhe wird eine gemeinsame Anstrengung der Bahnhofseigentümerin Deutsche Bahn AG und der Stadt Kassel nötig werden. Dabei ist eine Optimierung der Konsum- und Gastronomieangebote im Umfeld ebenso vorstellbar wie eine stärkere Nutzung des Bahnhofsgebäudes zur städtischen Selbstdarstellung für Ausstellungen von Stadtgeschichte oder Kunstwerken, die Gästen, Pendlern und Durchreisenden Lust auf Kassel machen. Nachdem Kassel vom Rand ins Zentrum der Republik gerückt ist, gilt es, den Bahnhof Wilhelmshöhe nach 25 Jahren Randlage stärker ins städtische Leben einzubinden.

In den ersten Jahren der 1971 gegründeten Gesamthochschule, die mit 3.000 Studierenden begann und deren Kapazitäten auf 10.000 Studierende begrenzt werden sollten, lebten Stadt und Universität eher neben- als miteinander. Heute studieren in Kassel mit fast 25.000 Studierenden bald mehr als in den klassischen Universitätsstädten Marburg und Göttingen und das Fremdeln zwischen Uni und Bürgergesellschaft gehört der Vergangenheit an. Dazu beigetragen hat sicherlich die Intensivierung der direkten Kooperation zwischen Universität und Stadt. Aber auch die örtliche Wirtschaft profitiert und dies nicht nur durch direkte Gründungen und Innovationen aus der Universität heraus, sondern auch durch den Science Park, Gründerzentrum sowie durch das Institut für Windenergie und Energiesystemtechnik der Fraunhofer-Gesellschaft. Interessant ist auch UNIKIMS, eine berufsbegleitende Management School, die von einer Reihe Kasseler Unternehmen mitgetragen wird. Verbessert werden muss sicherlich noch das Arbeitsplatzangebot für Absolventen der Kasseler Universität im städtischen Umfeld.

Im Zeitalter von entgrenzter Mobilität, Kommunikation und Arbeit verändern sich auch die Funktionen von und die Anforderungen an urbane Lebensräume. Nicht alleine quantitatives ökonomisches Wachstum ist das Maß der Dinge, sondern Kommunen müssen als Garanten von Lebensqualität die Menschen davon überzeugen, dass nicht nur vor der Stadt, sondern auch in den Städten wieder attraktives Wohnen möglich ist. Als urbaner Raum ist Kassel regional nahezu konkurrenzlos. Kassel verfügt über eine attraktive und gemessen an seiner Größe einzigartigen Kulturszene. Kassel verbindet schnelle Erreichbarkeit durch den gut ausgebauten Nahverkehr, mit zahlreichen Gastronomie- und Konsumangeboten und nicht zuletzt innerstädtische Naherholungs- und Grünanlagen wie der Fuldaaue, Karlsaue oder dem Naturschutzgebiet Dönche. Im Sportbereich werden in Kassel und der Region Handball und Eishockey auf nationalem Niveau geboten, Stadtfeste und Events komplettieren dieses Ensemble. Letztlich wird es für Kassel jedoch auch darum gehen, den Spagat zwischen bezahlbarem und dennoch lebenswertem Wohnraum für einkommens- und/oder ressourcenschwächere Gruppen zu erhalten und durch attraktive Wohnangebote finanzstarke Klientelen zu sichern. Dies muss unter den Bedingungen begrenzter Wohnraumflächen und unter Vermeidung einer Minderung der Qualität der Grünanlagen geschehen. Kassel muss (noch) lebenswerter werden und sich auch so verkaufen, lautet die Botschaft.

Wer heute in Städten viel bewegen will, muss in der Kommunalpolitik vielfach mit Kritik und Konflikten rechnen. Die meisten umfangreicheren Projekte ziehen Widerstände von Anwohnern und Gewerbetreibenden nach sich. Moderne Stadtpolitik kann sich nicht mehr darin erschöpfen, mögliche Widerstände gegen notwendige oder politisch gewollte Infrastrukturmaßnahmen als „Wutbürger"-Bewegungen abzuheften und die Verfahren entweder rasch und geräuschlos durchzuziehen oder lediglich in einem kommunikativen Image-Prozess zu legitimieren und Probleme zu verschleiern. Hier ist Lernen von den Vorgängen in anderen Städten wie Stuttgart angesagt. Doch Kassel hat schon früh erkannt, dass partizipationsorientierte Verfahren ein wichtiger Rahmen für die Lebensqualität und Akzeptanz sind. Früh sind in Kassel Ausländerbeiräte geschaffen worden. Die Sanierung der Friedrich-Ebert-Straße wurde von einem aufwändigen Beteiligungs- und Dialogverfahren begleitet. Auch dies blieb nicht ohne, ist aber der richtige Ansatz, während das formale Aushebeln von Partizipationsbedürfnissen wie beim Versuch der Bürgerentscheide zur GrimmHeimat oder zum Langen Feld kaum zukunftsfähig sein dürfte. Denn die lernende Stadt ist auf die Expertise vieler angewiesen. Die Stadtpolitik muss tatsächlich willens sein, den oft mühsamen Weg der Teilhabe verschiedener Gruppen und Interessenträger zu beschreiten. Eine Optimierung dieser Verfahren und somit ein Lernen aus den angewandten Beteiligungsinstrumenten macht nicht zuletzt eine intensive Begleitforschung notwendig, also auch in diesem Bereich gibt es die Möglichkeit enger Kooperationen von Stadt und Universität. Die Stadt wird dafür Sorge tragen müssen, dass nicht nur die meinungs- und ressourcenstarken Akteure in diesen Prozessen zu Wort kommen, sondern dass alle, nicht nur die sich lautstark artikulierenden Gruppen, an solchen Prozessen zielgruppenadäquat beteiligt werden.

Das Kulturangebot Kassels lebt keineswegs allein von Fridericianum, Bergpark und der documenta. Spätestens mit der Gründung der Gesamthochschule in den 1970er Jahren etablierten sich in der Stadt junge, alternative Kreativmilieus und Subkulturen, die sich in eigenen Infrastrukturen, Netzwerken, Cafés, Kultureinrichtungen und Programmkinos widerspiegeln. Daneben etablierte sich im gleichen Jahrzehnt eine kulturelle Vielfalt in der Stadt, die durch Lebensmittelgeschäfte, migrantische Kulturvereine und religiöse Gemeinschaften ihren Ausdruck erhält. Diese Vielfalt wird durch die Zuwanderung der Gegenwart ebenso zunehmen, wie damit auch Konflikte wachsen können, wenn die Potenziale des kulturellen Miteinanders nicht weiter entwickelt werden. Nicht zuletzt diese Vielfalt ist ein wichtiges Merkmal urbaner Lebensqualität. Insgesamt muss die Stadt weiterhin darauf achten, dass sie finanzielle Ressourcen und ausreichende Möglichkeitsräume für Multi- und Alternativkulturen zur Verfügung stellt, die deren Kreativität nicht behindern und die Standorte solcher Einrichtungen auch im Falle einsetzender Gentrifizierungsprozesse nicht gefährden. Das Ausschöpfen dieser Kreativpotenziale wird letztlich nur möglich sein, wenn die Vertreterinnen und Vertreter der jeweiligen Szenen und Milieus in diese Prozesse integriert werden und alle Seiten gemeinschaftlich an der Realisierung von Projekten und der Sicherung des Bestandes beteiligt werden.

Mit dem Dynamik-Ranking von 2011 ist Kassel ins Scheinwerferlicht gerückt worden. Um diesen Schub zu nutzen und ein nachhaltigeres Image zu erzeugen, muss Kassel an einem Leitbild arbeiten, das Strahlkraft auch über die Region hinaus besitzt. Bei einem Leitbild geht es sowohl um Ziele wie auch um Deutungen und Narrative. Daran intensiver zu arbeiten, kann Kassel interessanter machen als Wohnort für Einzelpersonen, Familien sowie für mögliche Investoren. Die Ansatzpunkte für ein solches Leitbild sind vielfältig, gleichwohl bleiben die Potenziale eines integrierten Selbstdarstellungskonzeptes vielfach ungenutzt. Die Selbstdarstellung stützt sich auf wenig greifbare Schlagworte wie Dynamik oder Wachstum und bleibt in den konkreten Feldern Wirtschaft, Hochschule und Kultur eher fragmentiert. Die Entwicklung eines Leitbildes benötigt Referenzen, Bezugspunkte und Vergleichsobjekte. Hier bleibt Kassel zu sehr an den Landesgrenzen verhaftet. Der häufig bemühte Vergleich zu den anderen vier kreisfreien Städten Hessens zeigt ein schiefes Bild, da sich die Metropolen im südhessischen Rhein-Main-Gebiet unter ganz anderen strukturellen Rahmenbedingungen bewegen und die metropolitane Region um Frankfurt gänzlich andere Voraussetzungen als eine kleinere Großstadt wie Kassel bietet. Während in Südhessen alles im Schatten der Frankfurter Bankentürme steht, hat Kassel eher das Potenzial, regional alle anderen in ihren Schatten zu stellen – positiver ausgedrückt, das Zugpferd im dünnbesiedelten Großraum Nordhessen, Westthüringen, Südniedersachsen und Ostwestfalen zu werden.

Ein Leitbild für Kassel hat sich also eher in einem produktiven Wettbewerb mit Paderborn, Bielefeld, Göttingen und Fulda zu beweisen als im kaum zu gewinnenden Wettstreit mit Wiesbaden oder Frankfurt. Die Anerkennung dieser regionalen, aber länderübergreifenden Sonderstellung dürfte den Kasselerinnen und Kasselern einen Schub an wohlverdientem Selbstbewusstsein bieten – eine Haltung, die Kassel 4.0 jedoch erst erlernen muss.

1 *Für spannende Diskussionen, Hilfe und Unterstützung bedanke ich mich vor allem bei Oliver D'Antonio, Sascha Futh und Tanja Schöttner.*

Peter-Matthias Gaede

Liebeserklärung an Kassel

Zur Neueröffnung des Stadtmuseums bin ich um eine Liebeserklärung an Kassel gebeten worden. Es ist nicht meine erste, aber doch eine frische. Obwohl sie natürlich, wie ein Museum, unweigerlich viel mit Erinnerung zu tun haben muss.

Heimat also. Mein Kassel, das ich vor über 45 Jahren verließ, um nun immer häufiger zurückzukehren. Mit Goethe: „Ja, ich gehe! Ja, ich eile! Aber ach! Mein Herz bleibt hier." Und mit Novalis: „Wo gehen wir denn hin? Immer nach Hause."

Woran merkt man, wie das Zuhause in einem arbeitet? Ist diese gewisse Nostalgie nur Sehnsucht nach Kindheit? Nur ein Kollateralgewinn der Distanz? Ist sie ein Reflex auf Mobilitätszwang und Globalisierung, die die Flexibilität höher bewertet als die Befestigung? Ist sie eine Bewahrungs- und Angstkategorie, handelt sie von Verlust? Von der Furcht, das einst Vorhandene, Vertraute sich wandeln und auflösen zu sehen?

Ich habe dieses Kassel in meinen Genen zunächst ganz anders gemerkt: Nämlich in der aufkeimenden Kampfeslust, die metropolitanen Schnösel unter meinen Freunden und Kollegen, die kichernd das Wort von „Hessisch-Sibirien" zitierten, so sie es denn kannten, und die sich auf die Schenkel schlugen, wenn sie lasen, Kassel mute an wie die einzige DDR-Stadt auf Westgebiet – ich hatte also Lust, diese Ahnungslosen in den großen Städten, ob Frankfurt, Hamburg oder Berlin, mit immer neuen Listen aus „Der-die-das Erste war in Kassel" zu versorgen. Mit immer neuen „Aber wusstest du eigentlich, dass in Kassel ...?

87.000 Stiche
Parlamente in Hessen 1808-1813
Biographisches Handbuch
H. Philippi
Landgraf Karl von Hessen-Kassel
XXXIV
2241-04
2241-05
2241-06
2241-07
2241-09
KURHESSEN
Volker Helas
Gewissen und Freiheit
2241-48
2241 51
2241 57
2241 58
2241 65

Und so häufte ich all die Berühmtheiten und Entdecker vor ihnen auf: Henschel und die Lokomotiven; die Vermesser der Zeit zwischen Himmel und Erde; die „Erfindung“ der Sekunde in Kassel; die erste europäische Sternwarte ein Jahrhundert vor Greenwich; die Planeten, die Globusuhrwerke, die Logarithmen des Jost Bürgi; die erste Dampfdruckpumpe; den ersten festen Theaterbau Deutschlands; die frühe Großversorgung mit Straßenlaternen, die schon Deutschlands obersten Kulturrichter Goethe in Kassel beeindruckten. Und Bunsen am Polytechnikum zu Kassel. Und Rudolf Diesel. Und die Erfindung der Bahnsteigkarte zu Kassel, auch wenn wir sie nicht zu den größten Errungenschaften der Menschwerdung zählen wollen. Und die fünf Meter Brustumfang des Herkules. Und das großartige Marmorbad, mit dem ein gewisser Pierre Etienne Monnot das Hygienebegehr des Landgrafen Karl umschmeichelte. Und das Fridericianum, das erste der Öffentlichkeit zugängliche Museum des europäischen Kontinents – nicht einmal der Louvre hatte da schon Gestalt.

Waren sie beeindruckt, meine Freunde? Mäßig. Sie bestanden darauf, den Stau auf der nordhessischen Autobahn wichtiger zu finden. Also legte ich nach. Mit dem bürgerlichen Kassel: mit Dorothea Viehmann, natürlich, und jenem Paul Julius Reuter, dem späteren Gründer einer nicht ganz einflusslosen Nachrichtenagentur. Mit dem in Kassel schon diskutierten Rauchverbot in Parkanlagen, als in den USA noch nicht einmal Lincoln gewählt worden war. Mit dem Scheidemann aus Kassel, der die Republik ausrief. Mit jenen, die hier, nämlich in Kassel, die Währungsunion ersannen. Und mit Brandt und Stoph. Mit all den Ministerpräsidenten und Finanzministern und Justizministerinnen. Mit all den jüngsten und frühsten Oberbürgermeistern und rot-grünen Koalitionen. Und und und...

Und sie, die Freunde, lächelten und sagten: Nett, aber gib dir keine Mühe. Und ich merkte: Ich brauche die Rekorde gar nicht, um Kassel zu mögen. Was ich brauche, um Kassel für immer in meinem Kopf und tiefer zu fühlen: Es ist die Geschichte, die ich mit ihr habe. Ob Kassel nun schön war oder eine der geschundensten Häuseransammlungen der Republik: eine Erwachsenenfrage. Mir hat sie sich nicht gestellt, als ich Kassel zum ersten Mal sah. Ich war Kind, Fünfziger-Jahre-Kind, Kassel war Stadt. Und was ich als Stadt begriff, musste sich nicht an New York messen lassen, an Paris oder London; es reichte mir ein rötliches, fünfstöckiges Haus aus der Jahrhundertwende, Wilhelmshöher Allee 114, ungefähr Ecke Germaniastraße.

Schwer zu sagen, was sich gerade dort im Bewusstsein eines Sechsjährigen zum Synonym für Urbanität verdichtete; das respekteinflößende Treppenhaus, das Quietschen der Straßenbahnen, der gleichermaßen unheimliche wie Neugier weckende Bunker, ein paar Schritte entfernt in der Gräfestraße? Das jedenfalls war die Mitte meines Kassels, Ausgangspunkt für Expeditionen zum Bebelplatz und zur Stadthalle, zum Luisenhaus und, natürlich, zum Herkules und nach Wilhelmshöhe und zur Hessenschanze, zur Igelsburg, nach Elfbuchen und ins Steinerne Schweinchen.

Erst Jahre später wurde mir klar, wie privilegiert, wie unvollständig mein Bild von Kassel damals gewesen war. Ich hatte die Erst-Sozialisation in Stadt nahezu ausschließlich in deren heilen Zonen erhalten. Dort, wo noch ein paar Plätze existierten, denen bürgerliche Kontinuität anzumerken war. Dort, wo in die Stadtluft der Duft von Bäumen und Blüten und Gräsern hineinwehte. Dort, wo es kleine Anflüge von Großartigkeit gab. Und wo die Stadt in ein Märchenland aus Burgen und Schlössern und Teichen und Tempeln und verborgenen Wegen und Grotten überging.

Komplett aber wurde mein Gefühl für Kassel erst, als ich mich ihm aus dem proletarischen Osten annäherte, nachdem meine Eltern mit mir nach Niederkaufungen gezogen waren; in jenen Jahren als Herder-

Schüler, den sein wochentäglicher Weg vom Bahnhof Bettenhausen zu Fuß durch einen Querschnitt aus Industriegeschichte, Brachland und Behelfsstrukturen führte. Hier roch Kassel nach Anstrengung, nach Verlust und nach Provisorium: die einstöckige Ladenzeile; der Kiosk am Bahnübergang; das Büdchen, dessen Besitzer die Bonbons auch einzeln verkaufte; der Fußgängertunnel mit den kalten Wänden; das wie verloren stehende Haus, an dessen Brandmauern ein Reklamespruch verblich; der nackte Platz.

Ich kann nicht sagen, dass mich *dieses* Kassel abgeschreckt hätte, im Gegenteil. An meinen Erinnerungen ist es bis heute beteiligt; eine merkwürdige Macht haben darin die trutzigen Gebäude der ehemaligen Salzmann AG und andere Dome der Arbeit. Ich hatte den Eindruck, in Bettenhausen durch ein echtes, ein ambivalentes Leben zu gehen. Durch Vergangenheit und Beschädigung, Unfertiges und Beginn, durch die Grauwerte einer Stadt, die hier zu arm war für Kosmetik.

Warum liebt man eine Stadt? Oder, um ein weniger pathetisches Wort zu gebrauchen: Warum ist man ihr dankbar, warum bewirkt sie auch über Jahre des Vergessens hinweg dieses gewisse Gerührtsein, diese intuitive Vernetzung, diese spontan empfundene Zuneigung beim ersten Schritt zurück in sie?

Selten ist es ja das, was ein Stadt-Marketing an die ersten drei Stellen rückt: die hohe Dichte der Museen etwa, der Freizeitwert, das Investitionsklima und dergleichen. In einer Stadt gelebt zu haben, bedeutet vielmehr, sie als Raum privater Erlebnisse und gesellschaftlicher Ereignisse in der Biografie zu fühlen. Als eine Kulisse für Lebenserfahrungen. Und nicht immer lässt sich rekapitulieren, wie sehr ein anderes Bühnenbild auch einen anderen Spielverlauf ergeben hätte. Der Respekt vor der royalen Grandezza der Parkanlagen, die turbulente Aufbruchsituation der 1968er-Schulzeit, der erste Kuss im Tempel am Weinberg, das Rudern auf der Fulda, die fünf Mark pro Stunde für das Bewachen von Christos Kunst während der documenta 4, der Blick vom Café Rosenhang, die alten Sofas und zerlesenen Zeitschriften im Republikanischen Club am Königstor, die stille Zwiesprache mit dem Bücherwurm in der Murhardschen Bibliothek, die Anti-NPD-Demonstration, die Hand des Schaffners an der Klingelleine der Herkules-Tram, die glühenden Ofenhöhlen der Keramikfabrik am Leipziger Platz, das erste (zu süße) Glas Rheinhessen in den Elisabeth-Weinstuben, die Hilfspflegerzeit am Stadtkrankenhaus in den Semesterferien, die journalistischen Versuche im HR-Studio unterm Schloss ... War das Kassel? War das ich? Lässt sich das trennen?

Es lässt sich nicht trennen. Und wirkungsvoller, folgenschwerer ist es als das auswendig Gelernte, mit dem man Uneingeweihte, Freunde späterer Jahre, vom Wert einer ihnen fremden Kommune zu überzeugen versucht: Mit der ersten Fußgängerzone zwischen Hamburg und Haiti, mit der modernsten Verkehrskreuzung anno 1955 plus, mit dem Kasseler Schöpfer der Amerika-Statue auf dem Capitol in Washington, mit der Rembrandtsammlung und dem mehrmals nur unglücklich verpassten Aufstieg des KSV; mit Barbara Rudnik selig im Bambi und Papa Lohmann am Abend.

Ein Geheimnis bleibt. Könnte man es teilen, könnte man es offenbaren, wäre auch Kassel nur eine Stadt wie jede andere, etwa Nummer 40 in Deutschland nach Einwohnerzahl. Das aber ist sie nicht. Kassel war schön auf den dritten Blick und ist es jetzt auf den zweiten. Kassel war manchmal ein bisschen und manchmal furchtbar tragisch, und das nicht nur, weil es als ein Zentrum der nationalsozialistischen Monströsitäten, der Rüstungsindustrie, so bitter damit büßen musste, zu 80 Prozent ausradiert zu werden. Weil es Trümmerfeld wurde, verbrannt, verstümmelt, entleibt. Weil die deutsche Geschichte es aus der Mitte rückte und zur Marginalie machte, zur Diaspora.

Und manchmal war es auch nur ein bisschen banal: Wenn es die Fußgänger in der autogerechten Stadt in die Tunnel versenkte. Wenn es Säureattentate auf Beuys-Eichen unternahm und auf dem Königsplatz Treppen absägte. Kassel ist Mitte und war manchmal sympathisch ungelenk, wenn es galt, seine Schätze zu zeigen. Kassel war lange Trotz und war Sehnsucht – und trägt seinen Kopf nun endlich oben. Kassel ist eine interessante städtebauliche Erzählung, voller Ambivalenzen, ein Gesamtkunstwerk aus Schönheit und Schönheitsfehlern. Kassel kann rauh sein und melancholisch machen, je nach der Richtung, aus der man sich ihr nähert. Und in der Mitte ist es vielleicht keine Beautyqueen, aber Offenheit, Luft, Durchsicht ohne Bedrängung. Es ist nicht pompös, nicht süßlich und nicht kitschig. Kassel ist nicht aufdringlich.

Und wird dabei immer besser.

Sollte ich nun immer noch diesen Ringkampf mit meinen Freunden aus den großen Städten führen, ich würde es gelassener tun. Nicht nur, weil Wiedervereinigung, Autobahnen, ICE (und leider noch wenig auch der neue Flughafen) es ins deutsche Zentrum gerückt haben; nicht nur, weil das Fraunhofer-Institut 100 Millionen in diese kleine Stadt investiert; nicht nur wegen der fabelhaften Universität mit ihren Ausstrahleffekten und der großartigen Platzierung in allen möglichen Städterankings; nicht nur wegen SMA und K+S und Wintershall; nicht nur, weil nach Wilhelm Murnau, Louis Spohr, Gustav Mahler, Paganini, Schumann und Liszt, Putina und Samuel Beckett und Rita Hayworth nun endlich auch mal Brad Pitt vorbeigekommen ist; nicht nur wegen des längsten Ruderbootes und der ultimativen Würdigung durch das Panini-Album; nicht nur, weil die Gemäldesammlung in Wilhelmshöhe neben dem Paradies auch die schönsten Höllen zu bieten hat; nicht nur, weil Kassel im Besitz eines Weltdokumenten-Erbes schon war und mit den Wasserspielen unter dem Herkules nun auch Weltkulturerbe ist; nicht nur, weil Kassel die Babyklappe und die Parkscheibe erfunden hat und hier „Erdmann“ begraben liegt, der Dackel von Kaiser Wilhelm II.; nicht nur, weil aus Kassel der hessische Che Guevara kommt, Bernd Lunkewitz, und die Meisterin in der Kehrleitersitzsteiger-Pirouette im Kunstradfahren, dazu der Rebell unter Deutschlands Parfumeuren und ungefähr jeder zehnte Schauspieler von Rang; nicht nur, weil hier der Briefbombenscanner erfunden wurde und jener Mann wirkte, der den nachdenklichen Deutschen die „Stolpersteine“ schenkte; nicht nur, weil es das Hotel „Reiss“ wieder gibt und endlich auch eine immer reichhaltigere Kulinarik; nicht nur wegen der intelligenten und architektonisch schon ausgezeichneten Grimmwelt am Weinberg, sondern ... weil es endgültig wieder viel mehr hat und viel mehr fühlt und viel mehr ist und viel mehr sein will und viel mehr sein kann in seiner Sehnsucht nach Geltung, in seinem Lebensgefühl und vor allem in seinem Selbstbewusstsein als der Zwischenraum zwischen „documenta" und „documenta".

100 Tage Räsonnement und Avantgarde, Debatte, Verstörung und Verzückung, Staunen und die Leichtigkeit des Seins und die Beschwernis komplizierter globaler Gedanken, die frische Luft der Internationalität – 100 Tage eingeatmet, bis diese Stadt wieder schwer zu atmen begann. Und im Gefühl des Verlassenseins auch ein wenig seufzte. So war es. Aber immer mehr kommt jetzt zum Vorschein, dass die documenta so überhaupt nicht mehr alles ist, was Kassel über sich erzählen kann. Und eine bessere Nachricht für diese lichte Stadt in der Mitte der großen deutschen Wälder kann es doch eigentlich nicht geben.

Ich mag sie, diese Stadt, aus der Ferne, immer mehr.

Zu den Autoren

Dr. Kai Füldner, Leiter des Stadtmuseums Kassels seit 2015, sowie Leiter des Naturkundemuseums seit 2005.

Gabriela Wolff-Eichel, ist Vorsitzende des Vereins der Freunde des Stadtmuseums Kassel e.V.

Dorothée Rhiemeier ist Leiterin des Kulturamts der Stadt Kassel.

Prof. Dr. Klaus Siebenhaar ist Direktor des Instituts für Kultur- und Medienmanagement der Freien Universität Berlin.

Waltraut Becker ist Gründungsmitglied des Vereins der Freunde des Stadtmuseums Kassel e. V. und arbeitet im Beirat.

Dr. Stephan Schwenke leitet das Stadtarchiv Kassel.

Prof. Dr. Winfried Speitkamp ist Professor für Neuere und Neueste Geschichte an der Universität Kassel.

Prof. Dr. Wolfgang Schroeder ist Fachgebietsleiter am Fachbereich Gesellschaftswissenschaften der Universität Kassel.

Peter-Matthias Gaede war von 1994 bis 2014 Chefredakteur von GEO und arbeitet heute als Journalist und Autor.

Impressum

Herausgeber:
Verein der Freunde des Stadtmuseums Kassels e.V.
Vorsitzende: Gabriela Wolff-Eichel
Stellvertretender Vorsitzender: York Hilgenberg
Ständeplatz 16, 34117 Kassel
Telefon: 0561 9885091, Telefax: 0561 9885092
E-Mail: verein.freunde@stadtmuseum-kassel.info
www.stadtmuseum-kassel.info

Freunde des Stadtmuseums Kassel e.V.

Gesamtproduktion:
B&S SIEBENHAAR Verlag + Medien Berlin/Kassel
mit VISULABOR® Berlin/Leipzig
Fotos Innenteil: Harry Soremski
Umschlagmotiv: Jessica Wernhardt
Druck und Bindung: DBM Druckhaus Berlin-Mitte GmbH

Abbildungen Stadtmuseum Kassel: S. 31 s/w-Abbildungen;
Landesarchiv NRW, Abteilung Westfalen, Stift Meschede – Urkunde 1a S. 35

1. Auflage 2016

ISBN 978-3-943132-54-0
www.siebenhaar-verlag.de